内藤 晃

先人の功績に感謝し将来の日本をつくる

施設長の羅針盤《コンパス》

「顧客満足」を実現する福祉経営のアイデア

中央法規

はじめに

前著『施設長の資格！』では、はじめにに「ミッションのないスキルは無意味ですが、スキルのないミッションはまた無力です。スキルはミッションに実現力を与えてくれるのです。施設長にとってなくてはならないスキルとは何でしょうか。それをどのように獲得していけばよいのでしょうか。そしてこれらのスキルを身につけることが施設長の資格です。（中略）修得した多くのスキルがあなたのミッションの実現の妨げになることはありません。けれども、スキルのなさがミッションの実現を遠ざけている実例はたくさんあります。『できるけれどやらないこと』と『やりたいけれどできないこと』とは異なるのです」と書きましたとおり、施設長が獲得すべき知識・ノウハウや経営者としてもつべき知恵・経験をどのように手に入れるかをまとめました。

本書『施設長の羅針盤《コンパス》』では、施設長が自ら経営する組織の持続可能性を高め、サービス品質向上へ向かう経営の針路のヒントを提供することを主眼にまとめました。組織経営には、施設長の生き方そのものが表れます。一人の大人として、一人の社会人としてどう生きていくかということと、組織をどう経営するかということは同じ問いかけなのです。

ピーター・ドラッカーは、「事業は目標を設定してマネジメントする必要がある（中略）事業は直感で行うことはできない。（中略）目標なるものは鉄道の時刻表ではない。それは航海のための羅針盤である。それは目的地にいたる航路を指し示す」（P．F．ドラッカー『現代の経営〔上〕』（原題：

The practice of management）ダイヤモンド社、二〇〇六年：八〇ページ）と、事業の目標を羅針盤に例えています。羅針盤の示す針に従って舵をきるのは、あなたの意志です。羅針盤の針が磁北を示してもそれを基に三六〇度好きな方角に向かうことはできます。操舵する意志があなたの志となるのです。

あなたは「パイレーツ・オブ・カリビアン」という映画をご存じでしょうか。

ウォルト・ディズニー・ピクチャーズ「パイレーツ・オブ・カリビアン（Pirates of the Caribbean）」は、ジェリー・ブラッカイマー製作による映画のシリーズですが、ジョニー・デップ演じる主人公の海賊キャプテン・ジャック・スパロウは北を指さないコンパス（羅針盤）をもっています。シリーズ第2作では、東インド貿易会社のベケット卿はウィル・ターナーとエリザベス・スワンに対して身の釈放のためにジャックが持つ「コンパス」を手に入れることを命じます。それほど価値があるものなのです。北を指さないコンパスは壊れているのはありません。実は、持ち主が心から欲するもののありかの方角を指すコンパスなのです。誰が手にしても磁北を指し示す通常のコンパスとは異なるこの「コンパス」は、持っているだけでは役に立たず、持ち主の強い意志があってこそ役に立つのです。社会福祉施設の施設長の強い意志を感知して、進むべき針路を示す「コンパス」をベケット卿ならずとも一度は手にしたいものです。

この「コンパス」にちなんで、施設長にとっての施設経営の舵取り針路決定の一助になれば、との思いで本書の書名としました。あなたの施設経営の針路決定にわずかながらも寄与できればこの上ない喜びです。本書を手にしていただき本当にありがとうございます。

目次

第2章 顧客満足へ向かう針路

第3章 福祉業界の進化へ向かう針路

第4章 地元中小企業（地域企業）との連携への針路

第5章 障害者の就職支援の針路

第6章 将来の自分を育てる針路

第1章

スタッフの成長への針路

福祉現場で展開する介護・支援・保育は、スタッフによって提供されるので、スタッフの人財育成は、どの施設・事業所にとっても重要なことです。単なる「人材」ではなく、現場になくてはならない「人財」となったスタッフの実践が、すなわち施設・事業所の成果そのものになるからです。しかし、おそらくどの施設長も、自分の人財育成方法は一〇〇%間違いがないし、期待どおりの成果が上がっているという自信と確信をもってはいないでしょう。福祉の現場だけではなく、対人サービスを提供する全ての現場で、スタッフの人財育成は常に中心的な課題となっています。

スタッフの人財育成に関する研修やプログラムは、世の中にはたくさんあります。このようなプログラムを次から次へと豊富に提供していけば、人は育つのでしょうか。「馬を水飲み場まで連れて行くことはできるが、水を飲ませることはできない」という格言がありますが、人が学ぶ意志の自発はどのようにして生まれるのでしょうか。

施設・事業所のサービスを利用するお客様を幸せにする仕事、それを天職とするスタッフの成長・変化を信じる施設長は、どこに向けて舵を切ればよいのかを本章では探っていきます。

成功している人と成功したい人との違い

世の中で「成功している人」に共通することは、「他人を誰よりも幸せにしている」ということです。だから、その見返りでお金が入ることもあるでしょうし、自分の夢が叶うこともあるでしょう。そして、間違いなく自分自身が幸せなのです。しかし、世の中に数多くいる「成功したい人」

表1　幸せの捉え方

成功している人*	成功したい人
他人の幸せを最優先する ➡「他人が幸せでないと自分が幸せにはなれない」「他人と一緒に幸せになれる」	自分の幸せを最優先する ➡「自分が幸せにならないと他人を幸せにできない」
今に感謝している	現状の中に改善要求（不満）を抱いている。これからの上昇を求め、期待している
過去の出来事や周囲の人全てに、自分を育ててくれたと感謝している	過去の出来事や周囲の人の中に反省・改善すべき点をはっきりと認識している
自分の子どもが周囲の人々とともに、みんな一緒に幸せになる生き方をすることを願っている	自分の子どもだけには幸せになってもらいたいと願っている
幸せは「与えたもの」で決まると考えている	幸せは「受け取ったもの」で決まると考えている

＊「成功している人」とは、世の中に大きな影響を及ぼしている人という意味で用いています。ただし、人物の評価は生きているうちに下されるものだけではありません。

に共通することは、自分の幸せを願っているということです。この両者には想像以上の大きな隔たりがあります。表1をご覧ください。見比べれば分かりますが、自分の幸せを願っているだけでは幸せになれないのです。

福祉施設（高齢者施設・障害者施設・児童施設など）を経営する施設長がまず気がつかなければならないことは、「サービスを利用するお客様とスタッフを幸せにする」ために行動することです。

福祉施設を経営する施設長が、スタッフに気づかせる必要があるのは、幸せになりたいならば、利用者だけに限らず他人を幸せにする行動に夢中にならなければ、幸せを感じられないという真実です。給料などスタッフへの待遇をよくしようと努力・工夫することは不可欠ですが、スタッフ自身やその家族が幸せになりたいと願う気持ちに応えようとするだけでは、いつまでたってもスタッフの気持ちを満たし幸せにすることはできないのです。

同様に、お客様に幸せになって欲しいならば、施設長や全てのスタッフが、お客様のことを「幸せにしてあげたい」という思いで、介護・支援をするだけでは不十分なのです。お客様自身が素晴らしく良質な介護・支援を受ける、という受け身に留まらず、むしろ能動的に「他人を幸せにする」行動をとることなしには実現しないからです。これが真実です。高齢者・障害者の生きにくい環境の改善が不要ではないのですが、それだけでは不十分ということです。

私が勤務する障害者支援施設は、就職支援をメインに提供していますが、障害者が経済的に自立した人生設計をして自らの人生の夢を叶える支援を目標としてきました。就職をすることは障害者自身が幸せになる道の一つだと私自身は思い込んでいましたが、就職を通じて能動的に「他人を幸せにする」実践と実感を伴わなければ、いくら給料が高くても幸せにはなれないし、結果的に就職も長続きしないことに二〇一〇（平成二二）年秋頃にようやく気づいたのです。

それまでは、施設で暮らす障害者にとっても能動的に「他人を幸せにする」行動が大切であるにもかかわらず、自分が手にする工賃の金額を多くするために作業活動に従事させることに捉われていました。スタッフもこのお客様が他人を幸せにするには何をどうしたらよいのかを示すことができず、しっかりと作業をするよう督励するだけでした。このポイントから、これからの施設・事業所経営のあり方を見直していく必要があるのです。

施設長は、施設・事業所の経営者である前に、社会人・大人です。大人としての使命は、よい世の中をつくること、そして過去から現在につながる伝統をしっかりと子どもたちにつないでいくことです。

そのために、あなた自身の思いを確実に職場のスタッフへ語り続け、語り継いでいく必要があります。なぜスタッフを育てるのか、と問われたときに、まずこのことについてしっかりと答えられるようになることが必要です。私たちが福祉事業に従事することで、五〇年後、一〇〇年後の世の中が確実に良くなっていく理由を明確にスタッフに語ることが大切です。これが、スタッフを育てる「まなざし」そのものになるからです。このことを通じてスタッフは、自身はもちろんのことお客様の人間性を育て、引き出すことができるようなるのです。

施設長の羅針盤の針が、福祉施設で働くスタッフとそこで生活するお客様の「他人の幸せのための行動＝社会貢献」への意欲と機会を産み出す方角に指し示されていなければなりませんし、施設・事業所がそこへ向かうよう舵を切らなくてはなりません。経営者たる者、そして未来の世の中に責任を持つべき大人たる者は、この社会貢献への意欲と機会を決して奪ってはならないのです。

ベネトンやフェラーリといったF1の超一流チームのテクニカルディレクターだったロス・ブラウンが、二〇〇七（平成一九）年一一月にホンダF1レーシングチーム代表に就任した際にインタビューに答え、「私がやりたいのは、どうやれば自分たちの力で優れた結果に辿り着けるのかということを、一緒に働く人たちに伝えることだ。彼らが正しい結論に辿り着くのを助けるために、どんなツールがいるのか、どんなシミュレーションをやればいいか、どんなアプローチが必要かを教える。包括的な分析やアプローチができていない場合は、より良い方法を教える。組織やチームが発展し、個人の理解力が成長すること。それを助けることが私の存在価値だと思っている」（赤井邦彦『Honda Magazine 2008 Spring』二〇〇八年：二五ページ）と述べています。組織のトップが具体的に何を目指せばよいのかの指針を示している名言です。

1 届かないニーズに目を向け、耳を傾ける

東日本大震災が発生した二〇一一（平成二三）年三月一一日、私は「福祉施設関係者のための第40回店舗総合見本市『JAPAN SHOP 2011』視察セミナー』を主催しており、東京都にあるビッグサイト近くのTFTビル九階会議室で地震に遭いました。ビルが大きく揺れる状況に初めて遭遇しましたが、そのときはこれほど未曾有の震災になるとは思いもしませんでした。福岡県、長野県など遠方からの参加者が無事に帰れるだろうかと心配しながら千葉県への帰途につき、途中、深夜に徒歩で帰宅する人々を多く見ました。

自分が勤務する施設の情況が判明した翌日以降、被災地復興支援と自施設の災害対応力をいかに強めるかを検討する日々が続きました。多くの仲間の施設と協力しながら救援活動を行いました。周囲の生活が平常に戻りつつある一方で、被災された方への復興支援活動が十分であるかどうかを

自問し続けました。被災者のニーズに合った支援は何か、という視点で行動をしようとしても、日々変わるニーズに迷いました。

こちらが提供しようとする支援に対して、常にそれを必要とする人と必要としない人がいます。ニーズに合わなければその支援は無駄になります。しかし、無駄になることが一部にあったとしても必要とする人がいる以上、支援を止めてはいけないことに気づきました。なぜなら、被災者のニーズとは、被災地において情報を発信できる人の中でこちらがキャッチできた人のニーズを示していたからです。「発信できない人にはニーズがない」と思い込む危険や、こちらがキャッチできた人のニーズをもって「被災者ニーズの全て」と思い込む危険を感じました。

届かないニーズがいつでもあることを想定できれば、支援活動の組み立て方を直すことができます。このような支援は無駄だという結論を出す前に、どのような支援活動にも大きな無駄があり得ることを覚悟する必要があります。効率よりも優先すべきことがあることは理解しているつもりでも、自分の支援活動のあり方については、いつのまにか効率優先の判断を持ち込んでしまいがちです。

私たち福祉施設・事業所の現場でも、「声にならないニーズ」を汲み上げる力が求められています。見えない声、聞こえない声に気づく力こそが福祉のプロに求められているものです。福祉のプロだからこその気づきが大切です。全国至るところで展開されている震災への復興支援活動の中にある様々な不具合に気づけるならば、そのことをもって自分が働く福祉施設における現状の介護・支援に、同じような不具合が起こっていないかを点検するべきなのです。二〇一二（平成二四）年秋、復興予算の流用が問題視されました。このニュースを基に行動すべきは、施設・事業所のお金だけでなく労働力を含めたすべての資産が正しく介護・支援に振り向けられているかの点検なのです。

そして、スタッフの声の中にも施設長に「届く声」と「届かない声」があることに気づかなければなりません。被災者に対して、またお客様に対して「必要なニーズがあれば言ってこい」と要求することが理不尽なことと承知している施設長が、一方で「言いたいことがあるならば直接言ってこい」とスタッフに対して言っているならば、愛情と配慮が足りないと言わざるを得ないのです。被災地仙台市に本社を置く㈱S・Yワークス代表の佐藤芳直氏は、現業を速やかに回復させ、自らの職場での仕事を今まで以上に全うさせることが何より重要であることを、まずその範を示しながら強調されていましたが、私も全く同感です。

この震災に学び、今の仕事に活かさなければ、将来の日本に対する責任が果たせません。たとえその行動の大半が無駄になろうとも、また今、手にしている情報に基づく判断によっては優先順位が下に見えようとも、今、福祉の現場で大切にすべき一つの着眼点は、「届かないニーズに目を向け、耳を傾けること」です。

2 「自分の専門性」を目に見える形にする

富山県中小企業家同友会元理事、富山ハイテック㈱元代表取締役の山下順一氏は、「自分新記録」という魅力ある言葉を使って、障害者雇用に取り組んだ経緯を次のように語っています。「今日から他人との競争はやめましょう。その代わり各自が自分新記録を目指す集団になりましょう」（「コラム・私論試論」『さぽーと』第五五巻第一〇号、二〇〇八年一月：一三ページ）。

私が勤務する法人の施設では、一人ひとりのスタッフが「自分ケアプラン」を作成しています。一年間の自分自身のスキル獲得目標と、実際にどのような研修を受講したか、どのような書籍を読んだか、どのような資格を取得したかを、一枚の紙にまとめています。「自分ケアプラン」は、自分に対する約束を一枚の紙にまとめたものです。約束を守ることで仕事に対する誇りが身につくのです。山下氏のコラムを読み「自分新記録」という言葉に惹かれ、「自分ケアプラン」の中にこの項目を取り入れました。自分新記録を記録していくことで「記録更新」の喜びを目に見える形にすることができるのです。

自分自身のスキルアップの成果を、自分自身が目に見える形にすることで周囲に伝えることもまたできるのです。スタッフは、自らの専門性を研修によって担保していくことは当然ですが、それだけでは不十分で、確実に身につけた専門性の中身を福祉サービスを受けるお客様に実践を通じて伝えていくことが大切なのです。「自分ケアプラン」の書式は当法人のホームページにあります。

3 人財育成の五つの指針

スタッフの成長・変化を心から願うとき、施設長の羅針盤の針が指し示す方角をみていきます。

①施設長自身がキャリアアップの目標設定をすること

人財育成のマネジメントの五つの指針の一つ目は、施設長自身がキャリアアップの目標設定をすることです。

施設長は、何がどのようにできたときに「人財育成が成功している」と判断できるのでしょうか。また、現場リーダーがどのようになれば、新人スタッフの力を引き出す力が備わったと判断できるのでしょうか。

施設長や現場リーダーが、スタッフの人財育成を考えていくときに大切なことは、目標をもつことです。「人財育成はうまくいった」と評価できる「成功イメージ」が目標となります。このイメージをできるだけ具体的に、しかも期限をつけて作り上げることがポイントです。人財育成は終わりがないので、期限を決めてその中での育成目標を設定し、そこに届いたときに「今期は成功した」と判断するのです。子育てと同じくたゆまぬ努力が求められるのです。

また、注意すべきは、今期の成功が翌期の成功を約束するものではないことには留意が必要です。

また、注意すべきは、今できていないことをもって「ダメだ」と、その成長変化の可能性を見限ってはならないということです。一〇年後、二〇年後にどのように育って欲しいかを考えるならば、そのときまで育て続ける覚悟をしなければなりません。スタッフの今の状態でジャッジするのではなく、スタッフの変化の可能性を信じる自分がそこにあるか、という視点で自分自身をジャッジするのです。

施設長は、施設サービスのあり方やスタッフの適材配置、全スタッフのチーム力の最大化に関する目標設定をすることになりますが、そのためには、自分自身の目標設定をすることが大切です。つまり、何のために福祉現場で施設長や現場リーダーを務めているのかを、自ら問う必要があるのです。「日本の福祉の向上のために、未来の日本をよくするために、誰を幸せにするために現場で何に取り組んでいるのか」「三年後、五年後にどのような施設長や現場リーダーになりたいのか」この問いに対する答えとしてその「道筋」を紙に書いて、自身のキャリアアップの目標を作り上げなければなりません。自分自身に対するキャリアアップのプロセス・経路を明らかにし、期限のある達成目標を決めるのです。

組織のトップの向上心がスタッフに映ります。そして、スタッフの心がお客様への対応サービスに映るのです。人の心、特に向上心は職場でも友人間でも家族の中でも同じように展開するので、結局自分自身がなりたいと思う姿と同心円のイメージでしか人財育成ができないものです。自分のキャリアアップに無頓着で、大人として社会貢献意識に希薄な人は、スタッフの幸せ実現には集中できないのです。つまり、自分自身の向上心とスタッフのキャリアアップに対する強い思いにはともに、あなた自身のもって生まれた「使命感」が映り込み、結果的に同期するのです。

あなたが、自分の人生を賭けて日々現場の激務に取り組めるのは、あなたの使命感がそうさせているからです。あなた自身の使命を明確にすることが目標設定の中身です。

「お客様を含め、他人の幸せのためならば、何をしてもよい」というのが福祉業界の組織にとっての究極の指針であるべきです。他人のために全身全霊を注げる人間になることが人財育成のゴールといえるでしょう。ただし、その前に第一歩の踏み出し方を分かりやすく示すことが大切です。具体的にいえば、学会等研究機関への所属や研究会・研修会への参加や何らかの公的資格取得を求めてもいいでしょうし、ケース検討の題材としての発表の機会を提供して職場内スタッフとの情報共有を求めたり、職務に関する研究レポートや専門書の読書ノートの作成・提出を求めてもいいでしょう。

自らの向上心が強いリーダーのもとにはキャリアアップを強く望むスタッフが集います。これは間違いありません。スタッフの不勉強を嘆き、なじるリーダーはまず間違いなく本人自身が不勉強です。スタッフの向上心を引き出し、喜ばせることができるリーダーは、自らのキャリアアップの達成感で充実したオーラを発しています。

スタッフが喜ぶこととは「認められること」です。スタッフの向上を認める力は、過去形ではなく、現在進行形で向上し続けている施設長や現場リーダーしか発揮できません。「さなぎ」から蝶に羽化するような変化（昨日までの自分の価値観とは異なる価値観を手にした大変化の感覚）を身体が覚えているときにしか、大変化を目前にしたスタッフを見守れないし、変化の実体験をした者しか、「さなぎ」の姿に惑わされずに「さなぎ」の姿とは似ても似つかぬ「蝶」への変化を信じられないからです。

また、スタッフが喜ぶ「認められること」について補足しておきます。人が「認められたい」と願うことの中身には、「自分を高く評価して欲しい」「自分を大切にして欲しい」という甘えが含まれることがあります。この思いが行き過ぎると「自分を分かってくれない」という不満が生じます。「認められたい」という強い願いは、同時に他人の自分に対する高い評価への強い期待であるがために、それが叶えられなかったときのショックは大きいのです。

ではどうすればよいのでしょうか。他人に自分の評価を任せるのではなく、自分が上司や同僚、後輩を高く評価する、大切にするという行動を主体的に取るのです。「人から認められるか認められないか」ではなく、「自分が人を認めるかどうか」に思考をシフトさせるのです。つまり、「自分が他人に高く評価されないかに悩む」ではなく、「自分は他人を高く評価できるかに悩む」にスタンスを置き換えるのです。そうすれば、考えるべきポイントが変わってきます。こうすることで、解決は他人次第ではなく、自分次第に変化し、解決への道が見えてくるのです。

もちろん他人の中には、自分の価値観と相容れない人もいます。それでもその人を理解する、受容するということとは、なおその人とつながろうとすることです。重要なポイントは「一部で」つながるということです。all or nothing ではないのです。人とのつながり、人を理解するとはそういうことです。全面的に理解できなければ理解したとは言えないとは考えないことです。

一部でしかつながらない以上、もともと人と人との分かり合う関係は弱くもろいものです。だから常に修復しつつ、新しいつながりを作り続けなくてはなりません。人を理解する・人を認めることの本当の意味は、到達点を意味するのではなく、このような姿勢を取り続けることなのです。

②永く勤めることを求めること

人財育成のマネジメントの五つの指針の二つ目は、永く勤めることを求めることです。

特に人財育成に関する目標設定をするときには、スタッフの勤続年数を永くするという発想が大切になります。現場での対人サービスには、やはり「経験」が重要な要素になるからです。施設長が一人ひとりのスタッフに「あなたにはずっと働き続けてもらいたいのです。それはね、あなたが○○○だからです。あなたの□□□がこの職場ではとても必要なのです」と語れるようになることが不可欠です。どのようなスタッフにも長所があります。残念ながら目の前にいるスタッフの長所は見つけられないと感じるときでも、そのスタッフに心酔するお客様は必ずいます。現場サービスはチームで提供しているので、誰一人として不要なスタッフはいません。スタッフの能力の伸展の可能性を見限らないことです。

また、人の成長・変化には時間がかかります。採用時には力不足に感じられても、人はどんどん成長していきます。そして、その成長は留まるところがありません。人の成長・変化には終わりがないことを前提に、人財育成を考えなくてはなりません。だからこそ、永く勤めてもらい、いつでも最高の能力を今の現場で発揮してもらわなくてはならないのです。

③スタッフの居場所（役割）づくりに手を抜かないこと

人財育成のマネジメントの五つの指針の三つ目は、スタッフの居場所（役割）づくりに手を抜かないことです。

障害者雇用支援の現場では、障害者のできないところではなくできるところに着目するという原則があります。よく「障害者が特定の仕事ができなくても環境調整ができれば働くことができる」といわれますが、正しくは「特定の作業ができなくても……」です。

「仕事」とは、組織の中の一定のポジションのことです。自分の居場所や役割を明確に認識できること、自分が必要とされていることを実感できること、この状態にあることを「仕事に就いている」というのです。だから、職場の中の作業は、上司・同僚との関係性をもって仕事となるのです。職種によっては、顧客との関係性が加わるものもあります。人間関係による悩みが離職の一番の原因になっていることも、このことを裏づけています。

したがって、スタッフに永く勤めてもらい、持てる能力を存分に発揮してもらうには、職場における良好な人間関係づくりに手を抜かないことです。この営みは、職場のスタッフ全員の協働で進めなくてはなりません。外部の専門職は「作業」の効率的なこなし方を教えられても「仕事」の人間関係を直接作り上げることはできないのです。

結婚生活を思い浮かべればもっとはっきりするでしょう。二人が一緒に居たい、力を合わせたい、お互いを助け合いたいと努力をしなければ、周囲がどんなに協力しようとも永続きません。二人がお互いのことをよく理解し合うこと、たとえそれが結婚前には不十分であったとしても、結婚後にお互いの価値観の共通点や異なる点を確かめ合うこと、自分とは別の人格であることを尊重し合い認め合うことなどが、永続きのためには大切なことです。同じ家に住んでさえいれば（また、その時間が長ければ）自然と続くようになるものではないのです。

施設長はこのことと全く同じように、職場の人間関係を捉え、かつ当事者意識を強く持たなければならないのです。そのための具体的方法は、⑤でお伝えします。

④助けを求められる前に対応すること

人財育成のマネジメントの五つの指針の四つ目は、助けを求められる前に対応することです。

プロの行動の最大の特長は、「自発性」「積極性」にあります。一流の経営者による人財育成の特長の一つは、スタッフから助けを求められてから応じるのではありません。依頼されたから応じる、しかも即時に対応する、というレベルでは今や不十分なのです。当然の期待のレベルに過ぎないからです。

施設長や現場リーダーが常に一緒に仕事をしているスタッフの相談にいつでも乗っているならば、それで可としがちですが、本当は不合格です。スタッフが業務のうえで何に直面し、何に戸惑っているかを熟知していなければならないのです。熟知していないとくるまで放ってしまうものです。「待つ」という行動も勿論あり得ますが、「待つ」と「放置する」とは別です。「スタッフが急に相談にきた」と感じるのは放置していた証拠です。現場リーダーは、特に新人スタッフには手厚く係わらなければなりません。このとき、「見守る」という言葉を使わないことが重要です。「見守る」は何もしないことと同義です。何もせず放置した言い訳が「見守り」です。人財育成において「見守り」という行動はないと考えるべきです。

また、スタッフとしての経験がそのまま他のスタッフを育てる教育力の成長には連動しないことにも気づかなくてはなりません。おそらく、多くの現場では中堅スタッフが新人スタッフの教育担当を務めていることでしょう。作業の進め方や職務上の判断の仕方などは豊富な経験に基づく先輩の行動が手本となることには間違いがありません。しかしながら、このような先輩スタッフといえども新人スタッフに教育する方法を普段の仕事の中で自然に習得できるわけではありません。普段し慣れていることが誰でも他人に教えられるならば、自動車教習所はいらなくなると思いませんか？

大日本帝国海軍の山本五十六連合艦隊司令長官が遺した「人を動かす」名言に、

「やってみせ、言って聞かせて、させてみせ、ほめてやらねば、人は動かじ。

話し合い、耳を傾け、承認し、任せてやらねば、人は育たず。

やっている、姿を感謝で見守って、信頼せねば、人は実らず。」

というものがあります。中堅スタッフに、自分の仕事をしながら新人スタッフ教育をやりなさい、と押しつけるのは酷です。新人教育の仕組みは施設長が企画しなければならないのです。

私が勤務する法人のスタッフ研修をよく担当してもらう伊集院昭彦氏（※）は、新人スタッフに対する先輩スタッフの姿として最も大切なことは「一歩前を具体的に示すこと」と教えてくれました。「常に新人スタッフが一歩成長したときの姿を、具体的に現場で見せることがリーダーに不可欠な資質です。研修会で学んだことが、現場で具体的にどのような実践となって実を結ぶかが新人スタッフにとっては不安なのです。自分に課された到達すべき『目標』に本当に向かってよいのか、本当に到達できるのか、このような不安が新人スタッフにはたくさんあるのです。このとき、現場の先輩やリーダーが同じ目標に向かう道の一歩先を進んでいたならば、こんな安心はありません。理屈でなく感情で新人を引っ張ることができるのです」と述べています。伊集院氏のセミナーは非常に好評ですが、その理由は、このようにスタッフの気持ちを本当に理解して心を寄せてくれるからなのです。

（※）伊集院昭彦氏のプロフィール……Tarleton State University 大学院卒。ＭＢＡ取得。上場企業の営業部長、経営コンサルティング会社のコンサルタント、ソリューション推進マネージャーを経て、人づくり大学JINGAKU主宰と同時に城西国際大学で福祉経営を学び、㈱CNSを設立し現在に至る。看護師専門のマネジメント研修、看護師キャリアアップ支援、障害福祉分野のリーダー育成の研修講師を多く務める。

column

「分からないときはいつでも聞いてね」の落とし穴

あなたは「仕事ができない人ですね」と職場の仲間や先輩・上司から言われたことがありますか。あるいは、そのように思われていると感じたことがありますか。「ない」と断言できる人でも、もし思われていたとしたら、と考えてみてください。

それはとても辛く悲しいことです。自分の日頃の仕事ぶりが否定されるのですから、これほどやるせなくむなしくなることはありません。これほど仲間を落ち込ませる言葉や思いを、発したり抱いたりしてはならないのです。人はいつでもどこでも愛のない言葉を発したり思いを抱いたりしてはならないのです。

先輩が後輩・新入スタッフに「分からないときはいつでも聞いてね」と声をかけても、それはおよそ愛のない冷たい言葉だと私は思っています。「いつでも聞いてね、教えてあげますから……」は、決して優しい言葉ではありません。なぜかといえば、愛がなくても言える言葉だからです。同じ職場で働く仲間が困っていることに、こちらから気づこうとしていないからです。分からなくて聞いてくるまでの間の状況をしっかりと見つめない先輩・上司に向かって、後輩・新入スタッフは自分の分からないことを聞くことなどできません。

「分からないときはいつでも聞いてね」は、言葉にすることではなく、後輩・新入スタッフが分かるように身をもって行動で示すことなのです。身をもって示せないことを口で言っても通用しません。

実は、拍手もそうです。誰かが発言したことに対して皆で拍手をする。このことは、とても和気あいあいとした職場の雰囲気として歓迎されやすいものです。しかし、拍手はその人の発言を聞いていなくても周囲に合わせてすることはできます。

人の話を集中して聞かないということも、また愛がないことです。その人に対して無関心だからです。自分が関心を向けていない人に対して、大きな拍手と歓声を送ること自体は容易にできます。しかし、話している人の顔や目を見て集中して聞く、ということは無関心ではできません。現在の自分がしていることをすべて一旦停止して全思考を集中して聞く、ということが「関心をもつ」ということです。

人の話を聞いていなくても自分の仕事をしながら聞くふりをするような姿勢は職場の中のいわゆる「報告・連絡・相談」の仕組みを破壊していきます。

施設長の行動が「鏡」となって職場の中に映り込みます。施設長や現場リーダーが無関心な行動を続けていると、職場の中に報告・連絡・相談が消え失せ、先輩が後輩に対して愛のない言葉をソフトに語る、見せかけだけの職場になっていきます。

このことに気づき、職場の人間関係の全てに責任をもつことが施設長の進むべき針路です。

⑤スタッフの成長の可能性を開花させる力を身につけること

人財育成のマネジメントの五つの指針の五つ目は、スタッフの成長の可能性を開花させる力を身につけることです。

さて、施設長や現場リーダーがプロであるために何が必要でしょうか。それは、誰にも負けないほどの勉強をすることです。組織の九割はトップの資質で決まる、といわれます。したがって、組織の人財研修予算の九割は施設長の勉強に充てるべきなのです。施設長が勉強しなければ、スタッフに必要な教育の内容を企画できないし、その効果を検証できないからです。施設長が集中して学ばなければ組織が持続しなくなります。学ばない施設長のいる組織は確実に衰退します。勉強を権利ではなく義務だと感じる施設長は、変化への対応力が貧弱で組織に危機をもたらします。ですから、施設の研修予算の九割は施設長に投入しなければならないのです。私は、施設長にとって勉強する権利こそが最も強大な権利と考えています。

そうなると、現場リーダーを含めてスタッフに充当される研修予算は、一割以下です。現場リーダーは、自分の勉強や研修のための費用を施設・事業所に負担してもらおうと考えてはなりません。現場リーダーは、プロになる勉強のための費用を自己負担しなければなりません。自分で自分に投資するのです。勉強のために自分の時間とお金をかけるのです。投資とは、投入したもの以上のものを獲得することですから、投資をしなければキャリアアップはできません。厳しいようですが、自分の研修費用が組織によって負担されることを期待しているならば覚悟が足りません。用意され、あてがわれたものを順にこなしていけばよいのは、「学校教育」までです。就職して社会人になったのならば自分の給料を使うのです。

施設・事業所での仕事のレベルアップのための研修なのだから、施設・事業所が負担するのが当然という考えをもっているならば、残念ながら現場リーダーやスタッフとしてのあなたの将来はたかがしれています。そういう人はわずかな金額とはいえ、施設・事業所に負担してもらった研修費に対する心からの感謝の気持ちすらもてていないはずです。「行きたくもない研修に行かされた……」と。その気持ちが新人スタッフの姿に映りますから「今どきの新人は学ぶ姿勢がない」とか「教え甲斐がない」と感じてしまうのです。

お金と時間に自腹を切らなければ身につかないのですが、施設長も実は同じです。組織の九割の研修予算を自分に投入したところで、それで自分の研修が足りていると感じているようでは、これまたたかがしれているのです。テレビを見るのを止めて、あるいはお酒を飲むのを止めて、今、この『施設長の羅針盤《コンパス》』を読んでいるように勉強をし続ければ、施設長としての影響力や組織の求心力は格段と高まります。

自分が育てば自然に周りもその影響を受けて育つことが実感できるようになります。スタッフの意識改革の必要性が気になるうちは、自分の勉強がまだ不十分な証拠と考えてください。自分が成長することで、スタッフの良さに気づく眼力・魅力を引き出す力がついてくるのです。これが、他人を幸せにする第一歩なのです。

自分の勉強の目的は、スタッフをはじめとする人の成長の可能性に気づく力を獲得することです。良い人財を見つけて連れてくることではなく、今、目の前にいる人がもともと持っている能力を引き出すことです。この意味において、人財育成のマネジメントとは「自分の勉強のマネジメント」のことなのです。

施設長は常にスタッフに助けられています。スタッフの存在がなければ施設長ではいられません。スタッフに常に助けられて施設長の役割が果たせるのですから、施設長の役割はスタッフを助けるところにあります。具体的には、現場リーダーを誉めることです。現場リーダーの優れたところをスタッフ全員に周知させることです。一方、現場リーダーの役割は施設長を誉めることです。施設長の優れたところをスタッフ全員に周知することです。リーダー同士で誉め合うことができればスタッフを誉めることができるようになります。また、このような心は高齢者や障害者の人としての可能性を信じることに通じるものです。

具体的なよい方法をいくつかご紹介します。自分の所属する組織や仲間のスタッフの良いところや魅力を一〇個書き出すというワークに取り組むスタッフミーティングを実施してみてください。笑顔が絶えない時間となるのでお薦めです。

ＡＩ（Appreciative Inquiry：アプリシエイティブ・インクワイアリー：肯定的探求）も個人と組織に大きな変化をもたらす手法です。この「変化」に関して重要なポイントは、自分（自組織）の変化が社会の変化をもたらすには、その目的が自分のためではなく社会全体のためでなくてはならないということです。詳細はダイアナ・ホイットニーの著書『ポジティブ・チェンジ――主体性と組織力を高めるＡＩ』（原題：The power of appreciative inquirty）（ヒューマンバリュー、二〇〇六年）を読むか、ヒューマンバリュー社のサイト（http://www. humanvalue. co. jp/）にアクセスしてみると、ＡＩの入り口に「インタビュー」というダイアローグ（対話）を非常に重視するアプローチがあります。一対一のインタビューを通じて、スタッフはお互いを強く理解し合えるようになります。このステップを経て、組織全体の目標に向かうエネルギーが生まれていく極めて有効な手法です。ポジティブとは、つながりを求める行動の意志と実践のことですから、一対一のインタビューをした相手は、組織内においては容易に同僚から同志に変わっていくのです。

施設長は、例えばこのような勉強を通じて、スタッフの可能性に気づき開花させる力を獲得していかなければならないのです。施設のサービス力を最大限に発揮させるためには、スタッフの力が最大限に引き出されなければなりません。スタッフの力は誉めることによって引き出せます。ただし、誉めるにはオーソリティが不可欠です。プロとしての力のある者が誉めたときにこそ、そのことがモチベーションアップにつながるのです。全く現場を知らない素人がいきなりトップの座に就いたとして、部下を誉めていればよい結果が出せるかといえば、そう甘くはありません。やはり、施設長や現場リーダーは権威あるプロ、実践力のあるプロであり続けなければならないのです。

4 スタッフに素敵なサービスを提供してもらうために

高齢者や障害者、子どもなど、社会的に力の弱い人の力を引き出すことを「エンパワーメント」といいます。もともとエンパワーメントとは権限委譲という意味ですが、単に権限を他者に任せるに留まらず、そこに自治的、あるいは自律的な意味合いが強いものです。ここでは自立支援という意味ではなく、スタッフの自律的行動を引き出す施設長の役割という点から、このエンパワーメントをみてみましょう。

結論からいえば、スタッフの力を引き出す「エンパワーメント」のゴールは何かを必ずイメージしようということです。施設長の判断で、スタッフに一定の仕事を任せる、権限委譲は、その任されたスタッフの力を引き出す（エンパワーメントする）効果があります。スタッフのモチベーションを高める効果が高いのです。

しかし、スタッフのモチベーションを高めることがゴールであると勘違いしてはいけません。スタッフの自発的な行動を引き出すのは仕事の成果を得るためです。組織の使命を明確にし、事業の使命を明確にすれば、成果の姿とその目標値（年度目標値）が明確になります。目標とする成果が達成されれば、それによってスタッフに報いることが可能になるのです。仕事に自発的に取り組み、成果を挙げたスタッフに何らかの報酬をあらかじめ用意しないまま権限委譲するのは無責任なことです。これは金銭的な報酬に限りません。「仕事の報酬は仕事」ということもあります。

仕事の成果を挙げるのは、それによって他の誰かを幸せにするためです。そして、その誰かとは施設長のミッション（使命）に直結してきます。権限委譲でスタッフのモチベーションを上げるのは、何のためか、誰を幸せにするためかを明確に意識することが大切です。エンパワーメントは手段です。施設長の使命と連結させなければ「思いつきで経営している」という誹《そし》りを免れないでしょう。

このことを理解したうえで、スタッフにどのようなサービスをしてもらうのかを考えていきます。

約束を守ること

まず、「約束を守る」ということです。

これは就業規則を守るとか、虐待防止法に抵触することをしないとかいうことではありません。

また、自分のキャリアアップに関する年度目標の達成に関することでもありません。

アービンジャー・インスティチュート著の『自分の小さな「箱」から脱出する方法』（原題：Leadership and self-deception）（大和書房、二〇〇六年）では、「自分の感情に背く」というキーワードで組織の人間関係が停滞していくこと、またその状態から脱出する方法のヒントを示しています。他人に対して、心からすべきだと感じる原初の思いに背くことを「自己欺瞞」といい、自分の思いを裏切るときに「箱に入っている」と独特の表現をしていますが、ここでいう約束とは「他人に対して心からすべきだと感じる原初の思い」を自分との約束と見立て、その約束を守るということです。

人は誰かのために、目の前にいる人のために、何かをしてあげたい、助けたい、支えになりたい、不自由さや苦しみを取り除いてあげたい、楽しみや夢をあげたいと考えます。このように感じた原初の思いは大切です。福祉の仕事の職場で自分が達成したいことは、おぼろげであったにせよ必ず初めにあったはずです。そして、それを実現したいと強く願っていたはずです。これが「自分に対する最初の約束」です。さらには、今の職場に採用されて、施設長や現場リーダーからミッションを聞かされて、感動して、自分もそれに人生を捧げよう、力を合わせようと決意した「職場に入ってからの最初の約束」もあるでしょう。また、現場でお客様に出会って決意した「お客様に会ってからの最初の約束」もあるでしょう。

しかし次の瞬間、その思いの実現を取り消す何かが生まれくるのです。これは自分の仕事ではない、他の人がやるべきだ、自分が犠牲になることはない……と。

自分の純粋な思いへの裏切りに屈せず、約束を守ることをスタッフに求めましょう。つまり、自分の原初の思いに忠実に行動することです。この行動をしない自己の正当化を防ぐには、自分の純粋な思いに従い、相手を一人の人として見て、すぐに行動を起こすことが肝心です。

この自分に対する、職場（施設長）に対する、お客様に対する三つの約束を守らないと、その裏切りはなにより自分が知ることになります。その結果、「不満」の心が生まれるのです。不満の原因は、他人ではなく自分にあるため、ごまかすことができないのです。

だから、自分の原初の思いに基づく約束と行動を守れば心の安寧が訪れるのです。これが幸福の正体の一つといえるでしょう。心の安寧は行動の成果がもたらす「仕事の誇り」とも言い換えることができます。約束を守り行動を起こした成果がもたらす「報酬」が、金銭ではなく誇りだからこそ永続するのです。

施設長は、約束をすることと約束を守ることを諦めずにスタッフに求めましょう。子どもが歩けるようになるまで何度失敗してもチャレンジさせるように、「諦めないこと」が親の子に対する愛の姿の一つであるように、施設長の行動の指針にしなければならないのです。

アービンジャー・インスティチュートは、「箱」セミナーを全国各地で開催しています。「あらゆる場における人と人との関係は自分の選択により決まるのだから、自分の主体的な取り組みで改善できる」という考え方を身につけたなら、その人の生き方は大きく変わります。施設長にとっての確かな羅針盤の一つであることに間違いはありません。前記の書籍を読むだけでなく、セミナーを受講することをお勧めします。

「明るく元気にきびきびと」～言葉遣いより大切な笑顔

福祉施設・事業所で、お客様（利用者）をどう呼ぶかという点を考えてみます。私が勤務する施設では、姓名あるいは姓で「内藤晃さん」「内藤さん」または「内藤晃様」「内藤様」とお呼びすることとしています。スタッフ同士で公式に話をするときやケース記録など施設内文書においては、原則としてフルネームです。同姓あるいは同名による誤解や行き違いによるミスを防ぐためです。

ところでスタッフが、お客様を愛称や、「あきらちゃん」（名）、「あっくん」（名）、「あきら」（呼びすて）で呼ぶことで、親近感や親密感を感じ、アットホームなサービスや支援ができると本気で考えている人もいると聞きます。しかし、親近感や親密感を抱く主体は誰なのかを確認する必要があります。

それはサービス対価を支払い、サービスを受け取るお客様です。お客様が親近感や親密感を抱けるかどうかが評価の基準であり、スタッフが親近感や親密感を抱けるかではないのです。スタッフはサービス提供のプロであり、その仕事を通じて報酬を得ている限り、親密感があってもなくてもサービス品質に差があってはなりません。親近感がないよりもあったほうがよいという発想は、裏を返せば親近感を抱けないお客様にはお客様が満足するほどのサービス提供がしにくいし、その原因はお客様自身にもある、という思いが生まれている危険性が高いのです。

サービスのプロはそうではないのです。たとえどのようなお客様であっても、理不尽と思われる要求を突きつけられ、手前勝手なクレームを投げられても、笑顔と冷静さを失わずにお客様の「ありがとう」「お世話様」という満足を求めて奮闘できる人こそプロ・専門家です。一流といわれるホテルやレストランのスタッフは、お客様に対し「お客様」「内藤様」（姓）で呼びます。このときお客様は、このスタッフに対し「あきちゃん」「あっくん」と呼んでくれないから何となく冷たいお店だと感じるでしょうか。

礼儀正しく丁寧な対応には安心感と信頼性があり、決して冷たさを感じさせるものではないのです。安心と信頼があってはじめて親近感を覚えるのであり、スタッフのなれなれしさは親密感とはほど遠いものです。ましてや、「この施設はいやだから、明日から他へ行こう」という選択肢のないお客様は、クレームを言うこともできずに薄笑いを浮かべるしかないのです。礼儀正しい「内藤（姓あるいは姓名）さん」という呼び方こそまさに、お客様との信頼関係を作り上げる最大のコツであることを知るべきです（児童福祉施設では、別の考え方があるとは思います）。

そして、言葉遣いよりもっと大切なことがあります。

それは「笑顔」です。

私が勤務する施設で職員会議（平成二〇年度からこの会議のネーミングを「パワーアップミーティング」としています）を開き、年度経営方針について発表したときのことです。このパワーアップミーティングの議長を務めたリーダーの一人である戦略推進本部長の小沢啓洋が、私の経営方針発表後に、他のスタッフに次のように語りかけました。

「自分はどの点で最高の力を発揮できるか、言ってください」「この経営方針を受けて、この中の項目から、今年は何をどう実践したいのか、言ってください」。

プラス発想を引き出す素晴らしい会議の進め方でした。そのあとに続くスタッフの発言も、この議長のスピリットを受けて、自然に良い発言となりました。笑顔で発言している言葉は、それだけで良い発言です。改めて自分の周囲を見回してみてください。良い発言はいつも笑顔と共にあります。

実は、笑顔をつくることは誰にでも自然にできるわけではありません。口角を上げて笑顔をつくる努力をすることが必要です。職場にはお笑い芸人がいるわけではないので、自然に笑顔が出るとは限らないのです。やはり笑顔は、つくる努力が必要です。周囲に人がいるのに、ましてや職場で無表情でいるのは、非常に不快な思いを周囲に与えていることに気づかなければなりません。自分の家に友人が訪ねてきたときに無表情で、つまり歓迎しているという気持ちをはっきりと伝えないでいることはないはずです。職場は自宅以上に気を遣うべきところです。「忙しいから」「疲れているから」「つまらない」などという理由の不愉快な気持ちを顔に出すのは、職場では絶対やってはいけないことです。「疲れた」という顔を人に見せるのは、自分の下着姿を人に見せるようなものです。職場をだらしない下着姿で歩くようなことになるので止めましょう。

いつでも笑顔をつくれる人は「天性の才能」の持ち主かもしれません。笑顔の素敵な人にお話を伺ったことがありますがやはりいつも笑顔をつくろう、口角を上げよう、と心がけているそうです。やはり笑顔は「努力」でつくるものです。

マクドナルドのプライスリストを店内でご覧になったことがありますか?「スマイル○円」。このスマイル○円には、いろいろなエピソードがあるようです。「スマイルは、無料です」「スマイルは、お持ち帰りできます」等々。

さて、お値打ちファストフードのマクドナルドですが、さすがにスマイルを○円で売るという「洒落《しゃれ》」を超えて、スマイルを有料で売ることはしていません。つまり、ハンバーガーを買ったお客様には、スマイルを〇円で販売するに留まっています。

千葉県内のあるサービス業の企業では、社員が笑顔で接客できるように、さらにミーティングなど職場内にいるときもいつでも笑顔でいられるようにトレーニングをしています。そのための専任のトレーナーを置いているのです。それほどまでに接客や社内の雰囲気づくり、モチベーションづくりにおいて「笑顔」の重要性を認識しているのです。

私が勤務する施設でも、毎朝のミーティングで「日本一の心優しいサービス精神で最高の笑顔を届けるのが私たちの仕事です」と唱和しているのですが、その唱和しているときのスタッフにはあまり笑顔がありません。あるスタッフはミーティングのときが最も笑顔がつくりにくい、と言っていました。

私が昔、高校教員だった頃、「教室に入るときは笑顔が大切。だが笑うな」と先輩から教えられました。私はそれを忠実に守り、廊下を歩いて教室に入る直前には自分の手のひらで頬を軽く叩き「笑顔、笑顔」と念じてからドアを開けたものでした。笑顔は努力してつくらなければ、こちらのオープンな気持ちが相手には伝わらないのです。

さて、マクドナルドの話に戻りますが、「ハンバーガーを一〇〇円で買ったお客様には、スマイルを〇円で販売する」を逆転して、笑顔を一〇〇円で買ってくれた人にはハンバーガーを無料でプレゼントしたらどうでしょうか。一〇〇円を支払いたくなるような「笑顔」とはどういうものでしょうか。有料で売れるような「笑顔」を最大の売りにした施設運営をしたいものです。

人間愛にあふれる目と耳をもつこと

何ごとも聞いてみなければ分からない。柳田邦男の著書であるノンフィクションエッセイ『事実の読み方』（新潮社、一九八四年）の中に次のような話があります。

ある有名な外科医がいました。この外科医の靴下のゴムはゆるんでいるのだそうです。天才的な外科医は身の回りのことなどには無頓着ということはありがちなことです。ところがある日、直接その外科医に靴下のことを尋ねてみました。すると真相は違いました。肝臓の手術など難しいものはその時間が7～8時間と長時間に及びます。立ちづめの手術室、ひんやりとした部屋で長時間の手術を行うとき、靴下のゴムがきついと手術に集中できないのです。そこで、考えたのがゴムがゆるんだ靴下というわけでした。もし、本人に聞いてみなければ、身なりに無頓着なだらしない人という誤解が生じました。しかし聞いてみることで、靴下のゴムにまで神経を行き渡らせているプロの外科医という真の姿が見えたのです。

人の言動に潜む真の意志、ニーズは聞いてみなければ分かりません。周囲が勝手に想像して誤解しているケースがいかに多いか推察できます。自分の身の回りでも同じことが多々あるでしょう。本人に直接聞いてみることの大切さをここで確認しておきます。

さらに考えておかなければならないのは、誰もが自分の言動の、その理由を常に認識しているわけではないことと、それを他人に正確に伝えるコミュニケーション能力を兼ね備えているわけではないことです。聞いてみなければ分からないが、聞いても分かるわけではない、というのが真実です。ですから、「聞かなくても分かる」という気持ちはある意味で奢《おご》りであり、勝手な想像は少なくとも科学的な態度とは言えないのです。

十分なコミュニケーション能力のないお客様の、真の意志を探るには試行錯誤が必要です。仮説を立てて実行して、検証することの繰り返しが大切です。「仮説」とは、自分の思考に誤りがあるかもしれない、という疑いと迷いをもつことです。自分だけは分かる、親だから分かる、という勝手な思い込みが成り立たないことは、立場を逆にして考えてみれば容易に分かるはずです。あなたの思いを、ご両親や学校の先生はいつでも正しく理解していたでしょうか。

自分のことは自分でもよく分からない、自分の気持ちのコントロールなど常にできるわけではない、なぜ優しい気持ちでいられないのか、なぜこうも気持ちが高ぶるのか、そしてなぜこんなに揺れ動くのか、誰も説明し尽くせないものなのです。

それを周りの人から、したり顔で「きっと~だからだよ、甘えないでがんばらなくては」と言われたら、「ばかにするな、私はそうではないんだ」と反論したくなるかもしれないし、「そうかもね、それでも自分でも納得できない」とますます落ち込むかもしれない。相手の立場に立たなければならないことは十分分かっていても、いかに自分勝手な憶測で他人の気持ちを判断してしまっているかに気づけるはずです。

いわゆる「問題行動」といわれる言動も「しつけ」や「家族関係」に原因を求めることができる場合と、できない場合があります。医療との連携の中で、すなわち治療を必要としながら対処しなければならないこともあるでしょう。自分の力の至らなさと限界を常に自省しながら、できるだけ多くのスタッフや家族・関係者の手と力を借りる機会をつくっていくことが求められるのです。たゆまぬ自己研鑽が必要です。自分がもつ価値尺度を何度も塗り替えていくには、研修しなければなりません。研修を通じて幅広い「仮説」をいくつも立てられるようになるからです。

ここで、自分がもつ価値尺度を見直すきっかけになる一つのエピソードを紹介します。社会学者の大村英昭大阪大学名誉教授はE・ゴッフマンの提起した「内集団逸脱者」の概念について次のように説明しています。

「ゴッフマンが『内集団逸脱者』で意味するところは、親密な関係がしばしばつくりだすマスコットのような存在を指しているのだ。（中略）かれが、もし集団の外の連中からいじめられれば、仲間は怒ってかれを庇護するだろう。だが、内輪の集まりでは、ほかのメンバーのような、とりわけ『表敬』の対象となっていない。普通のメンバーには許されないような無遠慮な扱い方をされても、当人もほかの仲間も、そのことを別段、変なこととは思わない。相互作用儀礼（interaction ritual）のある部分から除外されている限りで、『内集団逸脱者』は、メンバーシップの一部を剥奪された存在であるとゴッフマンは言う。（中略）よく観察すれば微妙に差別されているマスコット的存在がいる。彼または彼女は、かわいがられているようでいて、実は他のメンバーには許されない無礼な扱いを受けているのだ。今の家族や学級など、公平な関係を建前とする集団が、ひそやかに（しかし考えようによっては惨酷に）ひとを差別する機微がよく表現された概念だと私は思う。

病院などで、猫なで声のチャン呼ばわりが一番いやだったと言う老人がいる。子どもたちも、ある年齢に達すると家族のマスコット扱いをひどく嫌うようになる。おそらく同じ『人間』という大きな単位の中の『内集団逸脱者』にされることに、かれらは我慢ならないのである」(大村英昭編『臨床社会学を学ぶ人のために』世界思想社、二〇〇〇年：一五一〜一五二ページ)。

かわいがられてうれしいのかどうか、まず聞いてみる必要があることが分かります。もちろん、当人も気づいていないかもしれません。いじめ意識など皆無で周りから眺めていても仲良し集団にしか見えないでしょう。しかし、その構造について正確に捉えるためにも、全く正反対かもしれないと「仮説」を立てる必要があるのです。

聞いてみることの大切さをかみしめるうえでさらに大切なことは、質問をするには愛が要るということです。高齢者施設であれ障害者施設であれ、施設を利用するお客様に対し、スタッフがさまざまな場面で質問（声かけ）をします。これは施設サービスにおいては非常に重要な要素です。スタッフの個性は様々ですし、お客様の個性もまた様々ですから、このようなコミュニケーションはＴＰＯに応じていろいろと展開します。しかし、スタッフにとって大切なことは質問（声かけ）には愛情が不可欠ということです。愛のない質問は「尋問」です。

日本の感性マーケティングの泰斗《たいと》である小阪裕司氏が紹介するある寝具店主は、枕を買いに来店したお客様に「実は今日、あなたは枕を買いに来たんじゃないんですよ」と言うそうです（「招客招福の法則２７３」『日経ＭＪ』日本経済新聞社、二〇一〇年五月二六日付)。店主が本当に言いたい一言は次の言葉なのです。「あなたは今日、ぐっすり眠れて、いい目覚めをし、気持ちのいい一日を送る、そういう日々を買いに来たんですよ」。お客様が枕というモノではなく「より気持ちのいい日々」を買いに来ている、と感じ取れるかどうかが商売繁盛のポイントであるというコラムです。

これは、とても大きな気づきを与えてくれます。私たちが提供する福祉サービスはモノではない無形のサービスとはいえ、提供すれば自動的に心地よい時間や満足感をもたらすわけではありません。無形サービスであっても「枕を売る」ような食事支援、入浴支援などをしていないでしょうか。食事支援や入浴支援にとっての「気持ちのいい日々」とはなんでしょうか。深い検討が必要なところです。

例えば、「食事をされましたか」という声かけも相手にとって「気持ちのいい日々」となることを願えば健康状態や満足感、満腹感などを含めて声をかけるでしょうし、「枕を売る」ならば、食べたかどうかの記録のために声をかけるでしょう。傍《はた》から見れば同じ声かけであっても、そこで展開するコミュニケーションは決して同じではないのです。スタッフにとっては質問であっても、聞かれた相手が尋問と感じることもあるわけです。その差は愛情にあります。愛情のない質問は尋問であり詰問であり、このようなコミュニケーションを続けている限り「気持ちのいい日々」をお届けすることはできないのです。

福祉現場は、人間に直接係わる仕事の場ですから、人を愛する心がとても大切です。そして愛する対象は目の前にいるお客様に向けられるわけですが、目の前にいない人に対する愛情へと向かうことも大切になります。どういうことかというと、過去の先人とその功績に対する尊敬と感謝、未来の時代に生きるこれから生まれ育つ世代への責任と愛情を、目の前にいるお客様への愛情と同時に考えていくことが「人間愛にあふれる目と耳をもつ」の本当の意味なのです。

差別を見る目を養うこと

「差別をするほうは悪いが、されるほうも悪い」という欺瞞《ぎまん》がどれほどの悲劇を生んできたことでしょうか。確かに差別されるほうに非もあるでしょう。とはいえ、誰にそれを責める権利があるのでしょう。差別はその悲劇を検証すればするほど、なくしたいという願いが心の底から湧き起こります。しかし、差別をなくそうという考え方に間違いはないでしょうか。

「差別を克服する」とは、ある一定段階の知識獲得への到達を指し示すのではなく、そのように努力し続ける姿勢を身につけたことをいうのです。差別をしないためには、常に勉強し続ける必要があります。

例えば、身の回りに障害者がいない人は障害者差別をしていません。だからといって、この人が障害者差別をしない人とは限らないのです。目の前に差別の対象がいないからしないだけなのです。女性差別はするけれども人種差別はしない、といった器用なことはできるものではないのです。他人の心の痛みを理解するには、自分が知らず知らずのうちに差別をしてしまっているという前提で行動を改めるという努力をしなければなりません。この努力の姿勢を身につけていれば、突然目の前に障害者が現れても差別の心は芽生えないのです。

それでも人間は、差別の心はなくならないのです。毎日の生活の隅々をよく省みると、差別する心が自分の心の中に湧き出てくるのが分かります。「自分は他人とは違う、自分は重要な人間だ、自分は正しい判断ができる人間だ、自分は最善の方法をよくわきまえている人間だ、自分は上手に人を導ける人間だ、自分は人に優しい人間だ、自分は人一倍苦労している、自分は頭がいい、だから自分は他人より優遇されて当然だ」などというような思いが差別の芽です。差別の芽が根深いのは、誰にも分かりやすい形になっていないからです。

差別する自分の心を見つめることは、差別する人間の心を探ることです。世の中には差別する人間と差別しない人間がいるのではなく、差別を克服しようと努力する人間と、この努力に気づかない人間がいるのですから、自分の心を通して差別する人間の心を探ることは容易にできるはずです。

そして、差別する人間の心を理解しようとすることで、その人の心を受け入れる懐の深さを養うことができるのです。自分の心の中に潜む差別の心を認めることで、差別する人間の心を許し、受け容れる大きく広い心が育つのです。

差別する人間を蔑視することだけでは、差別をなくすことはできないにも関わらず、差別される側を救うという名目で、差別する人の心に寄り添わないままにその人を攻撃するのを見ることがあります。差別はいけないと指摘することと差別をなくすことには明らかな違いがありますし、差別をする人の心やその心の弱さに自分の心を寄せていくことができなければ、共感は成り立たないでしょう。

差別をする人を許せないならば、差別をする自分の心を無視せざるを得なくなります。これでは差別を克服する努力ができないことになります。

礼儀正しさとスマートなマナーを身につけること

日本人の美意識（生き方）は「粋《いき》」に集約されます。哲学者の九鬼周造は、日本人の美意識の表れを「異性に対する媚態」「意気地」「諦め」とし、「いき」の定義として「垢抜して（諦）、張のある（意気地）、色っぽさ（媚態）」「『いき』は武士道の理想主義と仏教の非現実性とに対して不離の内的関係に立っている。運命によって「諦め」を得た「媚態」が「意気地」の自由に生きるのが『いき』である」（九鬼周造『「いき」の構造』（岩波文庫）岩波書店、一九七九年：三二、一〇七ページ）としています。自分の好き嫌いにこだわり権利主張をし、他人を出し抜くことで得したと感じ、他人の迷惑を顧みない「野暮《やぼ》」「下品」に対置される生き方を示しています。

日本人として日本の文化の美や日本人の生き方を学び、実践し、後世に伝えていくことは大切なことです。粋な生き方は以下①～⑥のような「江戸しぐさ」の教えにも象徴的に現れています。

① **傘かしげ**……狭い道ですれ違うときに、傘から落ちるしずくで相手を濡らさないように、お互いに自分がもつ傘を相手の反対側に少し傾けることです。自分の権利を主張するのではなく、相手の権利も尊重し、自分が優先されるときや自分が正しいときでも相手に譲ることです。

② **こぶし腰浮かせ**……渡し船などの席が混み合ってきたときに、腰を浮かせてこぶし一つ分ずつ

詰め合うことです。研修会などで会場の前方が空いているときに「前から詰めてください」と言われたら、早くきて席を取った権利を主張するのではなく、後からきた者が前へ座ればいいのだと考えるのでもなく、全員が少しずつ席を前へ移動することです。駐車場に車を停めるときに、後からくる人のために便利なところは空けて遠くから停めることです。また、人に言われなくても常に全体に気を配ることです。

③ **後引きしぐさ**……別れのときにもう一度会いたい、もう一度話したい、相手に感じてもらう余韻のある行動のことです。電話を切るときは受話器をそっと置くこと、ドアを閉めた後の施錠はお客様が立ち去って少ししてからすること、お客様のお見送りは姿が見えなくなるまですることです。

④ **時泥棒**……断りなく訪問したり、約束の時間に遅れたりして相手の時間を奪うのは重い罪にあたります。自分の都合の優先順位は、相手の都合の次です。電話を掛けたときは、相手の都合がよいかどうかを最初に確認すること、また偶然会った相手との長話は避けることです。

⑤ **うかつあやまり**……例えば、自分の足が踏まれたときのように、相手に非があったとしても「すみません、こちらが迂闊《うかつ》でした」と自分が謝ることで、その場の雰囲気を良く保つことです。勝ち負けの正義や権利義務を振りかざすのは「野暮」なことです。

⑥ **七三の道**……道の真ん真ん中を歩くのではなく、自分が歩くのは道幅の三割にして、残りの七割は緊急時などにも備え他の人のために空けておくことです。

column

伝えたいメッセージとは異なる魔法の言葉

スティーブン・R．コヴィーの著書『7つの習慣』（キングヘアー出版、一九九六年）を日本に紹介した経営コンサルタントのジェームズ・スキナー氏による、成功研究会の講演の中で次のような話が紹介されています。「椅子に座っている人に対して『立ちなさい』と指示をしたいときに『すぐに立ってください』と言わなくても同様の効果をもたらす別の言葉があります。『あなたに催眠術をかけました。あなたは立ち上がることができません』と言うのです。すると言われた人は、すっと立ち上がり、立ち上がることができないという催眠術は効いていないですよ、と得意な顔をします。しかし、『立ち上がることはできません』という言葉で『すぐに立ち上がりなさい』という指示をしたのです」。

「コミュニケーションの本当の意味は、そのコミュニケーションによって引き起こされた反応である」という真理を示しています。相手から特定の行動を引き出す「魔法の言葉」は、必ずしもその文字どおりの特定の行動を示すわけではない、ということです。

障害者の就職支援をする現場においても「就職に向けて努力しなさい」という指示をしたいときに「努力しなさい」「頑張りなさい」という言葉を使わなくても、その行動を引き出せる「魔法の言葉」があります。例えば、就職希望の会社の社長（創業者）の熱い思いを語ることです。自分の使命に燃えて常に周囲を巻き込みながら、それでいて悲壮的でなく、不可能と思えることに挑戦し続ける勇気を失わない生き方をしている社長に惚れ抜いて、今自分は障害者の就職支援をしているけれども、本当のところ、自分自身が先にその会社に転職したいくらいに感じて、『この会社はすごい』と言えばそれが就職したいという意志を引き出す「魔法の言葉」となります。就職支援に限らず、生活支援であっても同様に「魔法の言葉」があります。それを見つけることが大切です。

施設が扱っている商品を販売するときも同様です。いくら購入してもらいたいからといって「買ってください」とだけ言うのは「魔法の言葉」ではありません。自分が何か衝動買いをしたときのことをよく思い出してください。売り手の言葉やしぐさは「買ってください」という言葉ではなかったはずです。衝動買いとは、あっという間に魔法にかかったということです。何がきっかけで魔法にかかったのでしょうか。売り手自身ではなく、売場に仕掛けられた品揃えかもしれません。それらのことを参考にして、真似て「魔法の言葉」を見つけようとすることが大切なのです。そして、このような姿勢がコミュニケーションに責任をもつということになるのです。

5

スタッフに感謝する心を伝えるために

感謝する心

私が勤務している障害者支援施設では、いわゆる保護者会を「お客様感謝デー」と名づけて開催しています。

施設と利用契約を結んだお客様やその家族、障害者を雇用する企業の関係者、行政機関、特別支援教育関係者に向けて、私たちスタッフ一同からの感謝の気持ちを表すというのが「お客様感謝デー」の趣旨です。

この趣旨は格好良いと思いますが、その感謝の気持ちの届け方は「まだまだ」という状況です。お客様が当施設サービスを利用する数年間（場合によっては数ヵ月間）に「就職するなら明朗塾」「就職するなら明朗アカデミー」「明朗ワークス」が、一生忘れられない良い思い出の場所として記憶に残るかどうかを自問すれば、実態はまさに「まだまだ」なのです。だからこそ、スタッフの一人ひとりが創意工夫を重ね、議論を積み重ねて「お客様に心から尽くすこと」を追求し続けなければならないと感じています。

かく言う私自身にとっては、「スタッフ一人ひとりに」心から尽くすことが求められています。経営者がスタッフ一人ひとりの思いの達成にどこまで寄り添えるかどうかが、スタッフによる日々の支援行動に現れます。自分自身が修養し続けなければ、周囲に影響が及びます。

ジョン・F・ディマティーニの著書『世界はバランスでできている！』（原題：The Gratitude Effect）（フォレスト出版、二〇一一年）を読むと一つのヒントが得られます。

感謝について「多くの人は、自分の考えが他人から支持されたり、自分に都合のよいことがあると真の感謝の気持ちが生まれると考えます。そして、自分が認められなかったり嫌なことがあると不満を感じるものだと考えます。しかしながら、これは浅はかで表層的な感謝の考えです」（前掲書：一九ページ）と述べています。詳しくは、是非この書籍を読んでほしいのですが、自分にとってありがたい、と感じる人だけに感謝を届けることや、お客様の中にはありがたい人もいればそうでない人もいる、などと評価してしまう状況は、すでに「感謝」の状態から離れてしまっているのです。

つまり、「よい仕事をするスタッフに感謝する」ということは「感謝に値しない仕事ぶりのスタッフがいる」ことを認めることであり、そのように感じている段階では、良い組織づくりに着手できていないのです。自分たちにとって都合のよいお客様か、そうでないお客様かをジャッジする視点は、尊厳ある全ての人間、全ての可能性をもつ人間に対して、自分の非常に狭い価値観に基づく皮相な判断に惑わされていると気づき、自分を含めた全ての人間の尊厳を受け入れる修養を続けなければ真の「感謝」はできないのです。

私たちのお客様は高齢者、障害者、子どもとその家族ですが、その方々を全て認識する力を獲得するには、全てのお客様から学ばなければならないのです。私たち福祉施設で働く者はその仕事を遂行するのみならず、人間として生きていくうえでも、またお客様に育てられていることに感謝しなければなりません。

また、「感謝する」を「人として認める」と置き換えて考えてみることができます。他人から認められることを求め続けるだけでは幸せになれません。自分の幸せは他人の評価で決まるものではないからです。人を認めるという主体的な行為を通じて幸せになれるのです。人を認めるという行為自体がすでに幸せなのです。施設長には、このことをスタッフにもお客様にも伝えていく使命があります。他人を人として認め敬意をもつこと、感謝することとは、自分がすでに幸せであることと、過去から現在に至るまで十分に幸せであったことに気づく第一歩なのです。

ですから、本項が「感謝する心」としてあるのは「感謝されるようにしよう」という意味ではないのです。

人のために真心を尽くす

「情けは人の為ならず」という諺《ことわざ》があります。本来の意味は「他人に情けをかけることは、その人のためだけではなくて、いずれは自分にも返ってくるから、自分のためでもある。だから、積極的に人のために真心を尽くすべき」ということであり、「他人に情けをかけると、その人が他人に頼るようになるので、必要以上に情けをかけるな」という用い方は誤りです。

しかし、いつかは自分にも返ってきて自分も助けられるから、という考え方はいかがなものでしょうか。何とみすぼらしい発想でしょう。人のために真心を尽くすのは「保険」ではありません。いつかは自分のためになるから短期的には損だと思えても、長期的にみれば得をするという考え方を根底にもちながら、行動や支援をするならば、それは人間性を失わせる行為であることに気づかなければなりません。「情けは人の為ならず」ではなく「情けは人の為」です。

嘘をついてはならない

江戸時代薩摩藩の「郷中教育《ごじゅう》」の教えの中に「嘘を言うな」というのがあります。同じく会津藩の「什の掟《じゅう おきて》」にも「嘘言《うそ》を言ふことはなりませぬ」とあります。

嘘を言ってはならない、という人としての生き方をどちらも年上の者が後輩に教えるところに共通点があります。「什の掟」の締めくくりは「ならぬことはならぬものです」とありますから、なぜ嘘を言ってはならないか、という理由を問うことは許されず、人として生まれたからには守らなければならないことがある、というのが日本の文化であったわけです。今も当然続いています。

嘘を言ってはならない、という人としての生き方を私たちは伝えなければなりません。このことは、自分たちの子どもに対してだけではなく次世代のすべての人が対象となります。福祉施設のスタッフが、お客様と接するときも当然当てはまります。

そして、嘘をついてはならないことの「伝え方」は「説明や講義」ではありません。行動で示さなければならないのです。「背中で語る」のです。だから、自分がお客様に対して話す中に嘘が混じり込んでいないかどうか、確かめなければなりません。「そんなコトしたら就職できません（という根拠のない行動規制や制限）」、「あなたのために言っているのです（に見せかけたスタッフの都合優先）」、「身体にいいものだから食べ残しはいけません」は明らかな嘘です。また、普段子どもに話しかけることの中にも嘘がたくさん混じり込みますから、これもまた確かめなければなりません。

「嘘をついてはならない」という人としての生き方を次世代に伝えるのは簡単にみえますが、実はとても困難が伴います。会津藩でも「什の掟」で六歳から九歳まで四年間毎日教え続けていたのです。このことに気づかないと、自分が知らず知らずのうちに嘘にまみれてしまうのです。ですから、支援の現場で「嘘を言ってはならない」という教えが伝わらず、「あれほど嘘をついてはいけない、と言ったでしょう?」「あなたを信じていたのに……」という悲しいシーンが次から次へと出現することになるのです。お互い信じ合うためにも嘘をついてはいけない、というメッセージが伝わらない理由は、実は自分が普段から無意識とはいえ、嘘を言い続けてしまっているからです。

6

スタッフにチームワークの姿勢を伝えるために

施設長（現場リーダー）の鏡はスタッフ、スタッフの鏡は施設長

「今どきの新人スタッフは使えない」と嘆く施設長や現場リーダーにとって、その新人スタッフはあなたの鏡です。なぜ使えないと感じるのか。それは、リーダーであるあなた自身の働きが停滞していることを映し出しているからです。自分はこんなに働いているのに他のスタッフといったら……と悲劇のヒーロー・ヒロインになってはいけないのです。仕事はチームでするものなので、チームワークを効かして業務力を発揮させることが施設長や現場リーダーの役割です。他人の行動に不満を感じたならば、他人の業務を改善させる統率力の発揮が停滞していることに気づきましょう。

また、「うちの施設長は……」「うちの現場リーダーは……」と上司の愚痴を口にしたがるスタッフにとっても、上司は鏡なのです。上司の不満を言い続けるのではなく、職場の改善のためには何

をすればよいのか考えるべきです。あなたが不満に感じる相手には、あなたの姿がそのまま映っているのです。その姿を見て考えるべきは「自分がどう変わればよいのか」ということだけです。相手に対して意識改革の必要性を感じたときは、自分の行動の停滞を疑ってかかるべきときなのです。

先輩のメッキが剥がれるとき

入社後二ヵ月目は、新人スタッフにとっては職場や仕事に慣れてくる頃です。右も左もよく分からなかった新人スタッフにとっては、神様のようなあこがれの存在だった先輩のメッキが剥がれ始めるときでもあります。もちろん、メンターとして仰ぎ続ける存在の先輩も一方ではいるでしょう。

しかし、新人スタッフから次第に見限られる先輩がいることは確かです。一ヵ月も働き続ければ、職場の中での作業力が成長するに従い、人を見る眼や判断力がついてくるからです。

「共依存《きょういぞん》」という言葉をご存じでしょうか。「他者に必要とされることで、自分の存在意義を見出すこと。依存者への世話に依存している人」という意味です。

後輩に見限られ始めたことに先輩はすぐに気づきます。特に共依存の傾向のあるいわゆる「世話好き先輩」であればなおさらです。先輩とは後輩から頼られるものと思い込んでいるため、後輩から頼られなくなると自己否定されたと受けとめます。そして、そこから逃れようと自分でも無意識のうちに後輩を依存者のままであり続けさせようとするのです。後輩の羽ばたきを邪魔してしまうのです。

共依存の傾向は大なり小なり誰にでもあると考えてもよいでしょう。しかし、度が過ぎる人が職場にいると新人スタッフは非常に居づらくなります。このような状態が生まれてはいないかと常に施設長は目を配る必要があります。

さて、先輩として、後輩の新人スタッフから「見限られたな」と感じたらどうしたらよいのでしょうか。後輩に越えられないように頑張りますか？　それとも後輩を無視してわが道をマイペースでいきますか？　限られた人数の職場の中ではマイペースでは行きにくい雰囲気があることを知らなければなりません。共依存の心理が誰にでも働くからです。だから、自分一人で済ませようとはせずにチーム全体で対応しようと発想を変える必要があります。

職場の中の後輩に欠点が見えたとき、つまりその人の成長可能性を見限り始めてしまう状態に入ったとき、そのスタッフへの応援はチームでカバーするのです。特定の先輩に後輩教育の役割を求め過ぎる状態からの脱却を図るには、職場の誰もが教育係であると定義し直せばよいのです。同章「5　スタッフに感謝する心を伝えるために」でも紹介した「郷中《ごじゅう》教育」と「什《じゅう》の掟《おきて》」は先輩が後輩を教える仕組みとして、「郷」や「什」という今でいう町内会のような形態が大きな意味を持っています。「一対一」ではなく「多対多」で律し合い、励まし合う教育の仕組みは、組織の作り方・育て方の重要なヒントになるでしょう。

人は、周囲の人々のチームで育てるのです。学校のポイントは、先生にあるのではなく同級生の存在にこそある、と気づくことができれば「チームワークづくり」の新しい一歩を踏み出せるのです。単なる仲良しグループと、チームワークで働いている職場を見極めるポイントは、共依存の心理をコントロールできているかにあります。

実は、障害者が会社に就職して働き続ける支援をするときの大切なポイントもここにあります。就職を続けるために不可欠な要素は職場における同僚同士のチームワークなのです。特定のキーパースンの働きに依存し、こういう人の存在が不要というわけでは決してありませんがキーパースンの存在こそが大切だと思い込み過ぎることが、かえって本人の勤続を阻む原因になることに気づくべきです。

施設長は、職場のリーダーとして、チームワークづくりに手を抜いてはいけません。

厳しさと励まし合い

チームワークが発揮されている組織にあるものは「厳しさ」と「励まし合い」です。もっと正確に表現すれば「自分に向ける厳しさ」と「仲間に向ける励まし」です。当然のことながら、仲間に厳しく求め、自分への全面的な協力を求めることは、チームワークを破壊する原因となります。

薩摩藩の「郷中教育」の教えの中に「負けるな」「決して嘘を言うな」「弱いものいじめをするな」という中心的な行動指針がありますが、この中の「負けるな」とは、「武士たるもの戦いに負けるな、そのための鍛錬を怠るな」という意味ではなく、「自分の欲望や邪念に負けるな」「自分の甘えや弱い心に負けるな」「義を貫く意志と勇気をもて」という意味です。いかに自分に厳しくあるか、という姿勢を求め続けているのです。「厳しさ」とは、いつでも自分に向けるものと心得なければなりません。

そして、自分に厳しい姿勢で臨んでいる人が仲間を励ましたときに、初めて相手に励ましとして届くのです。自分に甘く、だらしない人が他人に勇気を与えられるはずがありません。

自分に厳しい人の励ましの中には「厳しさ」と「優しさ」の両方の必要要素が自然に含まれます。「父親と母親のどちらが必要か」という設問が成り立たないように、スタッフに対しては「厳しく接するのがいいのか、優しく接するのがいいか」という問いはしてはなりません。両方が必要なのです。表面的に厳しく見える、あるいは優しく見えるということよりも、接している自分が、自分に対して厳しく律しているかをまず問いかけるのです。

このようにチームワークを捉えるならば、「成果主義」を有効に機能させることができるようになるでしょう。すなわち、成果主義は自分に対する評価として用いるものであって、他人に対する評価には用いてはならないのです。

先輩に感謝する

鹿児島県南九州市の知覧特攻平和会館では、大東亜戦争末期の沖縄戦での日本陸軍による特攻という人類史上類のない作戦で、爆装した飛行機もろとも敵艦に体当たり攻撃をした陸軍特別攻撃隊員全員の関係資料を見ることができます。

隊員は、自分の命に代えて、これからの世の中を良くするために特攻に臨んだのです。現在は戦時ではありませんから、今の時代背景や自分が過ごしてきた経験だけを基に当時の人々の行為をあれこれ評価することはできません。知覧特攻平和会館で学ぶべきことは、国際的環境も経済的状況も含めてあらゆる面で当時とは大きく変わった現在の世の中において、「これからの世の中を良くするため」に自分がなすべきことは何かを考え、見つけ、それを実際の行動に移すことです。この行動は、自分自身がもつ時代認識によって変わります。目的は一緒でも手段は異なるからです。つまり、私たちがすべきことは「特攻に参加すること」でもなければ「特攻を否定すること」でもないのです。

大東亜戦争末期と現在の時間の隔たりは約七〇年あります。それを日常の福祉現場に置き換えてみて、自分と自分より二〇歳年上の先輩との時間の隔たりは二〇年、一〇歳年上の先輩とは一〇年の隔たり、五歳年上の先輩とは五年の隔たりがあると考えるのです。時間に隔たりがあることに注目するのです。時が変われば目的は一緒でも手段は異なります。

ですから、先輩と異なることをしなければなりません。自分の使命にのみ従うということです。これは先輩を否定すると表現することもできるし、先輩の築いてきたことの改革ということもできます。

「ウォルト・ディズニーはディズニーランドというテーマパーク・ビジネスを生き物にたとえ、その魅力や集客力の源泉を『変化』に求めたのです。すなわち、生き物がつねに新陳代謝を繰り返すことで生命を維持していくようにテーマパークもまたその中身を絶えず新しく更新していく必要がある。（中略）『夢と魔法の王国』の人気と魅力の本質を、変化＝成長に見出していたのです」（上澤昇『魔法の国からの贈りもの』ＰＨＰ研究所、二〇〇八年八二ページ）。

改革と同じ意味で「現状否定」という言葉が安易に使われがちですが、現状否定を超えるものを求めるべきでしょう。つまり、まず現状を土台とします。現状の中にある確固とした土台の骨（精神）を認識・評価できなければ、それを十分に活かした改善・改革（ウォルト・ディズニーのいう「変化」）は望めないからです。単純な現状否定を「変化」と見紛《みまが》うことのないように注意すべきです。

従って忘れてはならないことは、先輩に感謝することです。自分が先輩から受け継いだものは何かを知ろうとしなければ、単なる常識外れ、恩知らずの謗《そし》りを受けることとなります。それは、先輩や周囲に不安を覚えさせるに過ぎない行動となり、また先輩をバカにする態度となって現れるのです。一方、感謝がベースにあれば必ず先輩からの応援が得られます。先輩が築き上げた業績があってこそ今の職場が存在しているのです。今の自分の活躍の場は自分がゼロから創り上げたものではありません。自分のために先輩が用意してくれたフィールドなのです。

敬意とは、同じ志を持った者同士に生まれる感情です。自分は周りからすでに助けられている、だから恩返しをする、という気持ちが「志」となって結実するのです。敬意を互いに抱き合うこの関係が「同志」なのです。

ですから、先輩の志は引き継がなくてはなりません。しかし、先輩とは別の時代を生きる者として、先輩の真似をすることだけに留まってはなりません。先輩の行動や成果の評論だけに留まってはなりません。

ご先祖様が受け継いだもの、そのご先祖様から私たちが受け継いだものを自分たちが実践し、子どもたちに引き継いでいくという生き様が「大和魂」そのものでもあるのです。

高齢者施設のスタッフの大切な視点は、今は身体能力も認知能力も衰えつつある高齢者が、この社会において「生き抜き、活躍してきたこと」「誰を幸せにしてきたか」「どれほどの幸せの涙を流したか」「どれだけ我慢して人に譲ってきたか」「どれだけ家族を思い、仲間を思い、故郷を愛したか」「どれだけ勉強してきたか」「どれだけ仕事で緊張し、お客様に尽くしたか」「どれだけ子どものための未来を良くしようと行動したか」……これらを知っているか？　知ろうとしているか？ということです。これが高齢者福祉の原点です。年配者を敬うとは、年少者から敬われるに相応しい人物になること、またその年少者をかわいがり育てようという意識をもって行動することなのです。

7

スタッフに学びの姿勢を伝えるために

師と友に出会う旅と読書

幕末の長州藩の兵学者の吉田松陰が一八五五（安政二）年に著した「士規七則《しきしちそく》」は武士の修養についてまとめたものです。松下村塾生の指針ともされた七条は、「三端《さんたん》」に要約されます。「士規七則、約して三端を為す。曰く、『志を立てて以て万事の源と為《な》す。交《まじわり》を択《えら》びて以て仁義の行《こう》を輔《たす》く。書を読み以て聖賢の訓《おしえ》を稽《かんが》ふ。』と。」

意味は、「志を立てることをあらゆることの根本とする。仁義に基く行いをするためには師や友を選ぶこと（大切にすること）。読書をして過去の聖人・賢人の教えを学び、突き詰めて考え、これからの行動に活かす。」ということです。

また、吉田松陰は一八五〇（嘉永三）年、二一歳で初めて肥前の長崎、平戸に遊学したときに著した『西遊日記』の序の中に次のように記しています。

「心はもと活きたり、活きたるものには必ず機あり、機なるものは触《しょく》に従ひて発し、感に遇《あ》ひて動く。発動の機は周遊の益なり」。

これは、「人としての生きる道を追求して自分の志を遂げるためには、過去の歴史や天下のことを学ばなければならないが、これは部屋にこもって古い書物をひもとけば十分である。しかし人の欠点は考えないことにある、様々なところを見て回ったところでそれにどんな意味があるのか。」に続く文です。意味は「心はもともと生きている。生きているものには必ずそれを活かす時機がある。その時機・きっかけは何かに出会うことで起こり、感動することでさらに大きく動くのである。志を遂げようという時機が大きく動き始めるのは広く旅をすることで得られるのである。」ということです。

吉田松陰は、志を立てることをすべての基本であるとし、そのうえで師や友との出会いや読書の大切さを強調します。そして、志を遂げるきっかけを得るためには同時代に生きる人々（師や友）に出会う旅の必要性を述べているのです。ただし、見逃しやすいことですが、旅の必要性は「物事を深く考えない」という人が持つ欠点を補うためであるのです。何かを求めて掴むべき好機は、日常の仕事の中で昨日と同じことをしているだけでは出会えないということです。

自分の人生の時間には限りがあります。先人が生きた時間を自分の人生の中に取り込むためにも、読書や旅は不可欠なものなのです。

スタッフの日常業務のスキルアップは、施設・事業所での内部研修で高めることができるでしょう。スタッフが志を立てるには、過去や同時代に生きる人々の中から師と仰ぐ人や志を同じくする友と出会わなければなりません。それには、施設・事業所外で人と会うための旅を、施設長が積極的に作り出す必要があるのです。

もちろん、師と仰ぐ人や志を同じくする友が施設・事業所の中にいないからではありません。仏国のモーリス・メーテルリンク著の童話劇『青い鳥』にある「実は一番身近なところに『青い鳥』がいました」という落ちは、チルチルとミチルが「思い出の国」や「未来の国」などを旅した後に手にする真実です。旅をして初めて気づく真実なのです。旅は不可欠なプロセスなのです。

感動体験を求めるには年齢は関係ありません。決心して動いたときが本人にとっての「適齢期」です。吉田松陰が「活きたるものには必ず機あり」と述べたのはまさにこのことです。

もう一点、大切なことを付け加えます。感動体験はたった一人だけの体験では、それを基に組織を変革していくエネルギーとしては少な過ぎます。起業家は、自分の思いを人に伝え仲間を増やしていくことを大切にしています。事業化を図るうえでは仲間、同志の存在はとても大切だからです。施設長が感動体験をして、それがきっかけになって組織を動かしていくとしても、その体験が施設長一人のものですと、組織全体に浸透させ、変革の動きがスタートするまでに時間がかかります。私の体験上ですが、感動体験を共有する同志は、最低七名は必要ではないかと思います。組織の中で七名のグループが自らの感動体験を基に志を一つにすれば、確実な変革の動きが生まれてきます。「七名で思考を深める旅をする」がキーワードになります。

パラダイムシフトで人は育つ

街で中学生や高校生を見て、数年後に彼らが就職して働いている姿をあなたは想像できるでしょうか。あなた自身がいまの福祉現場で働いている姿・状態は、高校生・学生のときに想像していた将来像と一致しているでしょうか。おそらくイメージできていなかったでしょう。同様に、障害者がどこにどのように就職するかは、施設で暮らしている姿からは類推できないのです。また、施設で暮らす姿を見て、就職できるかできないかを判断することもまた不可能です。いまだかつて障害者を就職させた体験のないスタッフは、就職させるために何をすればよいのか分りません。

しかし、就職させた体験のあるスタッフはパラダイムシフト（価値観の大転換）を体験しています。「人は行動を通じてパラダイムシフトを体験し、パラダイムシフトを通じて成長する」ことは真実です。このことは、私の職場のスタッフを見ていて実感しています。

学びの姿勢とは、「行動すること」なのです。あれこれ考えることは必要です。ただし、考えた後に、さっさと行動しなければだめなのです。そして、区切りがつくまで行動を続けなければなりません。具体的には、「座っていないで立つこと」「読むだけでなく話すこと、そして書くこと」「いままでとやり方を変えること」「自問方法を変えること」です。

スポーツでも楽器演奏でも、世の中にはたくさんの「教則本」があります。教則本は、スポーツや楽器演奏をマスターするにはとても役に立ちますが、読むだけではマスターできません。例えば泳げるようになるには、水に入って、何度も身体を動かす試練を経験しなければなりません。これを体験すると、教則本や教則DVDのありがたみが実感でき、試練のプロセスが楽しみに変わり、ついにはマスターできるのです。これがパラダイムシフトの一つなのです。

　福祉施設での「介護」「支援」「保育」は言わばart（芸術）ですから、これまた教科書を学ぶだけでは完成しないのです。現場での修行が必要なのです。修行は「行動を修める」と書きますが、これは、やるべきこと、手や足、身体全体、意識全体を動かすことを正しく完了させ、自分が感じた原初の思いに忠実に行動するという約束を果たすことを意味します。

　修行で追求するポイントは「心根」です。医療現場においてドクターがインターン期間に現場で学ぶポイントは「心根」だそうです。患者を前にして自分の心の奥底から湧き上がってくる思いです。診断や治療のスキルをどんなに高めたとしてもそれだけでは不十分なのです。病んでいる人を目の前にしてどのような思いを抱くか。「癒《い》やし」という言葉の意味をここで考えてみてください。「医は仁術」「ヒポクラテスの誓い」という言葉が示すとおり、人に対する愛情が根本になければならないのです。この愛情は人と接し、人への行動を通じてでなければ深まることも高まることもないのです。ドクターがインターン期間を通じて「練習」ではなく「修行」する本当の意味を、福祉現場においてもスタッフは理解して実践しなければならないのです。

　心理学者の河合隼雄元文化庁長官が一読を勧めていた中村雄二郎著の『臨床の知とは何か』（岩波書店、一九九二年）において、哲学者の中村雄二郎氏は、「一般的にいえば、〈経験がものをいう〉領域や〈ことばが大きな働きをする〉領域において」（前掲書：一三三ページ）は臨床の知が科学の知に対して重要性がはっきりしていて、普遍主義・論理主義・客観主義という特性をもつ科学の知に対して「臨床の知は、個々の場合や場所を重視して深層の現実にかかわり、世界や他者がわれわれに示す隠された意味を相互行為のうちに読み取り、捉える働きをする」（前掲書：一三五ページ）と述べています。ドクターが直面するのは、病気や治療に関する情報ではなく、患者個人であり、医療の技術が働くのは個々の患者との相互関係であるのです。ドクターが患者に対して施すことと、ドクターが患者から受けとること（受容すること）とが同時並行的に進むのが臨床の場です。この臨床の場で治療・癒やしが深まるのです。

福祉現場も間違いなく臨床の場であり、スタッフとお客様との相互関係が結ばれる場です。人に対する愛情が根本にあって、初めて介護・支援・保育の技術の修得が意味をもつのです。

第2章

顧客満足へ向かう針路

本章では、施設・事業所の介護・支援・保育サービスを受け取る側の高齢者・障害者・子どもと、その家族の幸せを真摯に考え続ける姿勢について考えていきます。

自分の幸せとは何でしょうか。あなたの幸せとは何ですか。人は一人ひとり別の人生を歩んでいます。私たちの目の前にいる高齢者・障害者・子どもとその家族は、自分とは別の人です。命は一日一日流れ過ぎていきます。一日たりとも同じ日はありません。その中でお客様の幸せを叶えるとは、どういうことなのでしょうか。第1章の冒頭で「成功している人と成功したい人との違い」について考えましたが、スタッフの成長を信じることと、お客様の成長や満足を信じることとは、どのように同期するのかを確認しつつ、自らの使命を明確にしたうえで施設・事業所の経営の舵を切らなくてはならないのです。

1 顧客は誰か

二〇〇二（平成一四）年一一月、私が勤務する施設でＩＳＯ９００１の登録審査を受けた際、審査員から「顧客は誰ですか」と聞かれました。ＩＳＯ９００１：２０００規格では、提供する福祉サービスが不適合とならないよう継続的に改善することが求められます。不適合とは、要求事項を満たしていないことです。要求事項とは、ニーズと期待のことで、要求事項の一つに顧客要求事項があります。

顧客要求事項を明確にできなければ、不適合かどうかの判定ができません。ですから、顧客要求事項を明確にすることは重要です。併せて、誰が顧客なのかという認識も重要になります。

そこで、質問が「顧客は誰ですか」となるわけです。すぐに思いつく答えは「施設または施設サービスを利用する本人」です。これで十分でしょうか。顧客には「本人の家族」も含まれます。本人が成年後見制度による成年後見登録を受けていれば、その「後見人、保佐人、補助人」も含まれます。また、支給決定をする「実施機関（市区町村）」も含まれるでしょう。

一人の利用者の周りには複数の顧客が存在しますが、この複数の顧客の要求事項が必ずしも一致するわけではありません。ＩＳＯ９００１：２０００規格でも、要求事項が異なる利害関係者から出されることがあることを想定しています。

ＩＳＯ９００１：２０００規格の中の設計・開発に関連する規定の中では、設計をしようとする製品またはサービスに関連するインプット（設計の前提条件となる情報・要求事項）については、その適切性を判定する話合い（レビュー）を行い、いくつかの要求事項間に漏れがないか、あいまいさはないか、相反することはないかを確認し、もしあれば解決しておかなければならないのですが、福祉サービスに関する要求事項についてはこのような規定はありません。

となれば、当施設が独自に確認していかなくてはならなくなります。異なる利害関係者の要求事項をどのように調整していくのか。ここまで考えると「顧客は誰ですか」という質問の重みが分かります。

大学のお客様は誰か

本田技研工業㈱元常務取締役・多摩美術大学名誉教授の岩倉信弥教授は、「大学のお客様は誰か？」「大学の商品とは何か？」という問いから大学教育改革に取り組みました。

岩倉教授は、本田技研工業㈱で乗用車のデザイン設計をするときに顧客は誰かという問いを重視しました。年齢、家族構成、住まいの地域、予算など様々で広範囲な消費者の万人に受け入れられる商品（乗用車）はあり得ないから、販売戦略立案時にまずターゲットとなる顧客像を設定するわけです。

本田技研工業㈱を退職し、母校である多摩美大に教授として迎え入れられたときに、大学教育の現場で、「大学のお客様は誰か？」「大学の商品とは何か？」という問いを他の教授に向けたところ、ほとんどの教授は、お客様は「学生」「学費を負担するその家族」であり、商品は「教育カリキュラム」「研究環境」であると答えました。ところが、岩倉教授はそうではなく、大学のお客様は「卒業生たちを就職させてくれる企業や社会」「高校や予備校」、大学の商品は「学生」と考えたのです（岩倉信弥『教育現場でのデザインマネジメント』実業之日本社、二〇一〇年：二六〜二七ページ）。まさに岩倉教授の慧眼《けいがん》です（図1）。

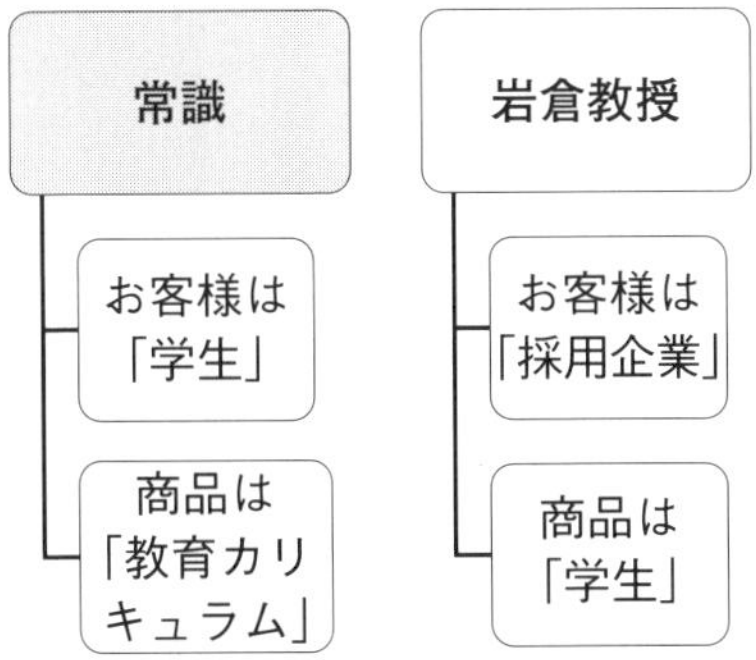

図１　大学のお客様は誰か？

学生を商品と見なすこの考えに、多くの教授は同意しなかったそうですが、岩倉教授は長年にわたる企業体験から自説を信じ、お客様のニーズに合う商品開発（企業のニーズに合う学生の育成）という視点で大学改革に取り組み、その結果、多くの他大学が少子化などの影響で学生が確保できずに苦しむ中、数年で競争倍率を維持したまま定員を倍増することができたのです。多摩美術大学は、岩倉教授の所属する学部のみならず、全学で先生の提唱する考えに基づく改革を成功させたのです。多摩美術大学が「お客様は誰か？」の問いに対して岩倉教授の先導の下、正しく思考し行動できたことは、結果が証明しているのです。

施設のお客様は誰か

この岩倉教授の着眼にならい、障害福祉施設・事業所（ここでは就労移行支援事業）におけるお客様、商品は何かについて考えてみましょう。

従来の常識的な考え方では、ＩＳＯ９００１：２０００の登録審査を受けたときの説明で挙げたとおり「施設または施設サービスを利用する本人」「本人の家族」「後見人、保佐人、補助人」「実施機関（市区町村）」がお客様となるでしょう。商品とは「高いＱＯＬを目指した福祉支援サービ

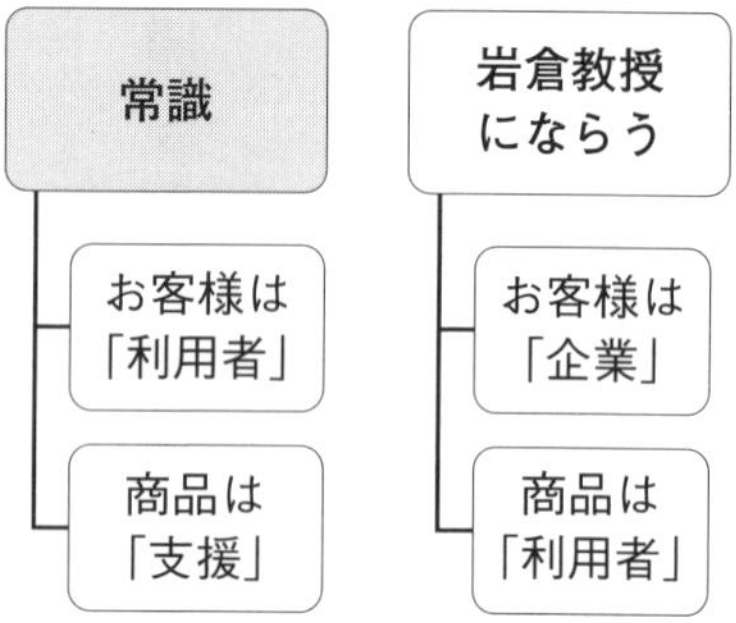
常識
お客様は
「利用者」
商品は
「支援」
岩倉教授
にならう
お客様は
「企業」
商品は
「利用者」
図２　施設のお客様は誰か？

ス」「本人の意志と権利擁護が確実に尊重・保障された就職支援サービス」となるでしょう。

岩倉教授にならえば次のようになります。すなわち、障害福祉施設・事業所のお客様は「施設サービス利用者を雇用する企業」「地域社会」であり、障害福祉施設・事業所の商品は「施設サービス利用者そのもの」です（図２）。

商品は「支援サービス」ではなく「利用者」であり、真のお客様が「企業」であるならば、お客様のニーズを探るためには、企業にアプローチしなければならないことに気づけます。また、岩倉教授が「年齢、家族構成、住まいの地域、予算など様々で広範囲な消費者の万人に受け入れられる商品（乗用車）はあり得ないから、販売戦略立案時にまずターゲットとなる顧客像を設定」したのと同様に、障害福祉施設・事業所においても、ターゲットとなる企業像を設定しなければならないことになります。偶然に出会った企業に、偶然目の前にいた利用者を紹介するような形態の支援では、雇用＝《イコール》就職という成果は単なる偶然に過ぎず継続的な効果は期待できなくなるのです。

高齢者施設ならば、商品は高齢者として、お客様は誰になるのでしょうか。私は「高齢者の家族（子どもたち・孫たち）」ではないかと考えます。施設に入居している高齢者のＱＯＬを追求する介護の提供が、不可欠であることに変わりはないのですが、お客様は「高齢者の家族」であると定義することで、施設サービスの内容と構成は大きく変わってくるでしょう。お客様は家族と考えれば、商品は「親孝行の代行」となるかもしれません。

支援者の役割は何か

一方で、注意しなければならないことは、お客様である「企業ニーズ」に偏《かたよ》り過ぎてはならないことです。利用者を雇用する企業の意志（ニーズ）と就職したい利用者の意志（ニーズ）を、ただ単にマッチングさせるだけでは支援者の役割は果たしたことにはなりません。私たちはあくまで支援者なのであり、「紹介者」「仲介者」に留まってはなりません。

企業というお客様、商品である利用者の間に立つ支援者としての役割は何かをしっかりと把握する必要があります。そのためにターゲットであるお客様（企業）のニーズと、商品である利用者の特性（強み）を知らずにいて就職支援は成り立ちませんから、その両方を熟知する必要があるのです。単に企業訪問をして障害者雇用を勧め、その企業の現在の事情を知っただけで、企業のニーズを把握したと短絡的に考えるのは誤りです。同様に利用者の現在の希望を口頭などで確認しただけで、本人の就職意志を把握したと短絡的に考えるのもまた誤りです。

特に、利用者の「就労意欲の喚起」に対する支援の必要性は言うまでもないことですが、意志の把握には十分な配慮が求められます。例えば、就職経験のない利用者が「就職したくない」と発言したときと、就職経験の十分ある利用者が「就職したくない」と発言したときとでは、その意味合いに大きな隔たりがあります。また、就職経験のない利用者と就職経験の十分ある利用者とでは、その希望職種の発言の意味にも隔たりがあります。「本人の発言に従うことこそが自己意志の尊重」と、簡単に片づけてはならない大切なポイントです。

同様なことは、企業に対してもいえます。たとえ企業の担当者が障害者雇用に対して消極的な態度をとったとしても、それが企業側の事情によるものなのか、施設からの訪問者に対して不信感を抱いて見せる態度なのか、その真意は容易には測りかねることなのです。

ターゲットであるお客様（企業）のニーズと、商品である利用者の特性（強み）双方を熟知する、という作業のポイントは「掘起こし」にあると考えればよいでしょう。

例えば、「農地を耕す」とは土に新鮮な空気を送り込むことです。地中に今まで不足していた空気を送り込むことです。そこになかったものを提供することです。単に地中の土と地表面の土を入れ替えるだけではなく、「空気」という目に見えなくてもそこになかったものを新たに提供することです。つまり、これは「創造」なのです。耕すとは創造の別名なのです。

農家が農地を耕すとすれば、施設・事業所の支援者は何を耕すのでしょうか。それは「心を耕す」ことでしょう。心に何かを送り込むことです。心に何かを提供するのです。つまり、企業という お客様と利用者という商品の心の中に何かを創造することなのです。そのために支援者は何を提供しますか。支援者にとって相手の心を耕すときの「空気」にあたるものは何でしょうか。この答えを見つけるのが支援者の使命の一つです。この答えを見つけたときに初めて、支援は「単なる偶然」とは異なるものになり得るのです。そして、そのような支援者を「支援の専門家」「プロの支援者」と呼ぶのです。

岩倉教授の先導の下、多摩美術大学が「お客様は誰か？」の問いに対して、正しく思考し行動できたことで成果を上げたように、障害福祉施設・事業所にとっても「お客様は誰か？」の問いに対して正しく思考し、行動すれば、結果は自ずとついてくるものです。

2 お客様に真剣か

レストラン「カシータ」オーナーの高橋滋氏の著書『「お客様」に真剣ですか？』（かんき出版、二〇〇九年）の中で、「社内のルール」「会社やお店の都合」「契約を取ること」「美味しい料理を作ること」、つまり「仕事」には真剣でもお客様が心から喜んでくださることを真剣に考える会社やお店があまりにも少ないことを指摘しています。お客様からお金をいただく感謝の「気持ちは言葉に変えて、右足に乗せて伝えてほしい。伝わらなかった気持ちはなかったと同じ。伝えてください、あなたの気持ちを！　あなたの目の前にいるお客様に！」（前掲書：一五二ページ）と強調しています。お客様に真剣な「会社にも規則はありますし、マニュアルもありますが、普通の会社と違うのは、規則とゲストの間に『人間の』スタッフがきちんといること」（前掲書：一二〇ページ）とも述べています。

福祉サービスには公費負担があるため、お客様が利用料を全額負担するわけではありませんが、お客様の利用があって初めて事業収入が生まれるのです。そのお客様の利用から、いくらの収入がもたらされるかを改めて感じなければなりません。そして、そのことに対する感謝の気持ちをお客様、すなわちサービスを利用する人々、利用までの調整をしてくれたケアプラン作成者、相談支援事業所や行政機関の人々、そして制度整備をしてくれた人、公費を税金として実質負担する地域住民の人々、すべての国民に「気持ちを言葉に変えて、右足に乗せて伝える」には何をすればよいのか考えるきっかけを高橋氏の著書から学ぶことができるのです（著者注：「右足に乗せる」とは行動の一歩とするという意味）。

モノのない時代の価値は、企業（製造者）が消費者にモノを価値として提供していました。しかし、現代の新たな価値は、企業と消費者が「経験・体験」を共に創るところにあります。モノの価値は「機能」ですが、「経験・体験」の価値は「満足・感動」です。この大きな変化を「モノからコトへ」と言います。本章「5　商品とは何か」の内閣府の「国民生活に関する世論調査」もそのことを示しています。

モノのない時代は、企業には消費者の物欲（必要性）への対応力が求められ、消費者はそれまで持っていなかったモノを新たに手にする喜びを感じていました。しかし現代は、消費者の人生の充実への対応力が求められるようになったのです。

では、福祉サービスは「モノ」でしょうか。「コト」でしょうか。今までは、提供されている福祉サービスのほとんどが、「モノ」のレベルに留まると考え、「コト」化を追求すべきです。「コト」は企業と消費者が共に創るという特徴があります。したがって、施設・事業所のスタッフとお客様との関係が良くなければ「コト」の提供はできません。関係が良好であるかどうかはどのように判断するかといえば、両者の関係が良い場では「スタッフは仕事を楽しく感じる」のです。そして、次々と介護や支援の新しい提案が見つかっていくのです。高齢者や障害者と意思疎通を図るには、極めて困難な場合が少なくありませんが、それでもどのような満足・感動が欲しいかが分からないのはコミュニケーションが不足しているのです。コミュニケーション不足では、満足・感動を伴った「コト」が展開することは見込めません。

本章「1 顧客は誰か」で、高齢者施設におけるお客様は「高齢者の家族（子どもたち・孫たち）」と書きました。商品が高齢者で、お客様は家族とするならば「モノからコトへ」シフトしている現在、高齢者サービスのコト化を図るために、施設のスタッフは家族とコトを共に創ることになります。入居している高齢者とではなく家族と創ろうと志向するならば、共に創る「経験・体験」の中身が大きく変わるでしょう。

例えば、入居している高齢者にとっての「快適な体験」は入浴や食事など通じて提供することが可能でしょうが、家族にとっての「快適な体験」は「再び父親の威厳を感じること」「再び母親の慈愛を感じること」かもしれません。一体どうすればそれをスタッフと家族は共に創り出せるのでしょうか。このような検討プロセスと取組みの試行錯誤が大切ではないでしょうか。スタッフには今、子どもたちにとって「親孝行」を実感できる「経験・体験」を、家族と共に創る取組みが求められているのではないでしょうか。

3 世代間のズレに気づけるか

「情熱を行動に変える」というメッセージを、いま最も強く心に響かせられる経営コンサルタントは船井総合研究所の岩崎剛幸氏です。

「情熱経営フェスタ」という船井総合研究所が主催した大型セミナーの岩崎氏担当講座の中で、「桐一葉落ちて天下の秋を知る」という言葉が紹介されました。この句は、豊臣政権の五奉行の一人の片桐且元（織田信長の死後に豊臣秀吉と対立した柴田勝家との賤ヶ岳の戦いで福島正則や加藤清正らと共に活躍し、「賤ヶ岳七本槍」の一人に数えられている武将）が、淀君に疎まれ解任されたときに、自らの運命を桐一葉の「桐」を片桐に掛けて、また、豊臣政権の行く末を案じての句と言われています。今では、桐の落葉は落葉樹の中でも早いほうなので、その最初の落葉から秋を知るとは、些細なことから世の中の大きな趨勢《すうせい》を読み取る洞察の大切さに例えられています。

岩崎氏は講座の中で、この句を引用して「シンプル消費」という時代の趨勢の説明をしていました。一九八〇年代のバブル期を体験した世代と一九七〇年代後半生まれの団塊ジュニア世代には大きな隔たりがあり、このことを見逃すと消費者の価値観と企業の価値観とが大きくずれてしまうと指摘しました。

障害福祉事業の世界でも、工賃向上などに広く取り組む中、消費者の性向をどのようにつかんでいくか、は重要なポイントとなります。しかし、もしも生産・販売事業の方向性や商品開発のキーマンとなる施設長が四〇代以上だとすれば、自分の体験や感性をもって努力すればするほど、自分より若い二〇代や三〇代の消費者の価値観とは離れてしまうのです。このことは、例えばＡＫＢ48を冷めた目で見て良さが分からないと感じる世代と、純粋に情熱的な眼差しや声援を送る世代との違い・隔たりにみることもできます。

それだけに、今提供している商品・サービスを受け取る消費者は、開発主体である自分と世代が同じなのかどうかを点検する必要があるのです。そして、もしも自分と異なる価値観をもつ世代が消費の中心となるならば、その違いをどこからつかむのか、つまり「桐一葉」にどのようにして気づくのか、が大切なことになるわけです。

消費者の動向をいち早くつかむ努力・実践・継続的改善は、どの企業もし続けています。それでも、百貨店業界などは実績が落ち込んでいるのが実態です。

大切なことは、福祉業界だからといって、この努力・実践・継続的改善は免責されないということです。施設長一人だけでの情報収集・勉強では限界がありますから、一過性の情報収集に留まるのではなく、継続的な効果をもたらす「人脈づくり」という要素を常に念頭に置きながら、効果的な情報収集の場に身を置くことが必要です。

4 施設・事業所を売場に見立ててみよう

ここでは、売場マーケティングの情報をお伝えします。私は、二〇〇六（平成一八）年から二〇一二（平成二四）年春まで六年間にわたり販売促進をテーマにする施設・事業所（主として就労継続支援事業所）の施設長やスタッフ向けのセミナー講師を務めてきました。モノを売ることに真剣に取り組んでいる小売業界での実践のエッセンスを、利用者支援こそが本業で、小売り販売は自分の専門外と思っている福祉業界の現場スタッフ達に伝えることを自分の使命の一つと考えたからです。

あなたの施設・事業所には「常設店舗」やいわゆる「売場」はないかもしれませんが、施設・事業所にとって「売場」とは何かを考えてみることで、サービス改善のヒントが見つけられます。つまり、施設・事業所を「売場」として考えてみることが大切なのです。売場とは、私たちがお客様と出会い、お客様が快適に過ごし幸せを感じるところです。お客様が能動的・自発的に「他の人を幸せにする行動をするところ」でもあるのです。

そもそもお客様が目の前にいなければ商売は成り立ちません。あなたが提供する商品・サービスの存在をお客様が知らなければ、たとえあなた自身をよく知ってくれていても、購入・利用にはつながらないのです。ですから、まず売場にお客様を連れてくる「集客マーケティング」が第一に必要なことですが、次の段階としてお客様に売場で購入・利用してもらうための「売場マーケティング」が必要になるのです。

売場でお客様が気づくこと

売場には「買う気持ちのあるお客様」だけがくるのです。売場（ネット販売の場合には「パソコン」「スマホ」の前、ＷＥＢサイト）にきた後、ほとんどのお客様はその売場で購入品を決めます。予め定番商品の購入を決めてから売場にきたとしても、改めて価格や製造年月日などを確認します。ですから、お客様が「決められる」売場をつくることが重要なのです。

ウィンドウショッピングでさえ、全く買う気のない、つまり全く興味のないお店を見て回る人はいません。ショッピングモールやデパートの全ての売場を見て回る人は、それを仕事とする人以外はほとんどいません。

さて、売場にきたお客様がその場で「私が欲しいのはこの商品だ」と気づくことが、売場マーケティングのポイントです。注意して欲しいのは「売場にきたお客様に、あなたが欲しいのはこの商品ですね、と気づかせるのが売場マーケティングのポイントではない」ということです。売り手であるあなたが「気づかせたかどうか」がポイントなのではなく、買い手であるお客様が「気づいたかどうか」がポイントなのです。売場がお客様にとって気づける状態になっているか、という視点を徹底的にもつことが重要なのです。商品陳列をした当事者は、どこにどの商品を並べたかを十分承知していますが、お店にきたお客様は、全ての商品の有りかを知りませんから、売場にきたとしても全ての商品の存在に気づきません。お客様が商品の存在に気づかなければ、店頭在庫であったとしてもそれは「欠品」と同じです。売場マーケティングの基本中の基本がこの点です。そして、お客様が「私が欲しいのはこの商品だ」と確信できるのは、その商品・サービス購入後の生活変化の具体的なイメージが得られるからです。商品・サービスを購入する前からすでに「私の商品選択は間違っていなかった」と確信を抱けるからなのです。

このように、売場マーケティングとは、消費者であるお客様の心理をよく検討し、安心と確信を保証するための営みの総称なのです。「品揃え」「陳列方法」は、その中の一部のテクニックに過ぎないのです。

売場の役割

売場の役割をまとめると次の①~④のようになります。

①売場とは、お客様が、商品に気づき・出会い、見て触って確かめて安心して購入を決意する場です。お客様は、そのほとんどが売場で購入を決意するので、私たちにとってはお客様の決意のお手伝いをする場と考えることができます。

②売場とは、歩きたがらないお客様が、知らず知らずのうちにくまなく歩いて過ごす時間に満足する場です。売場で過ごす時間が長くなればなるほど消費が増える傾向があります。

③売場とは、商品陳列の場です。これが最もオーソドックスな役割です。陳列の仕方で売れ行きが変わるのは厳然とした事実です。品質も価格も全く同じ商品が、売場に山積みになっている陳列と、陳列台に2〜3個しか残っていない陳列をイメージしてください。「うちの店では売れない（売り方に問題がある状態）」と「商品が売れない（商品に問題がある状態）」を混同しないことが大切です。ポイントは「商品で差別化するのではなく、売り方で差別化する」ということです。

④売場とは、お客様が、まだ購入したことのない商品に対して「確固たる先入観」をもつ場です。この点は、特に食品の場合に当てはまることです。お客様は、売場にきて期待が高まり、食べてもいないものをおいしいと思い込む先入観を抱くのです。

以上の四つの役割が、あなたの施設・事業所の現場で果たせているかという点検を毎日してください。この点検の努力ができるかどうかが、売れ行きを左右します。この努力が現場を担当するスタッフの重要な職務です。

福祉の施設・事業所そのものを売場に見立ててみる大切さを書きましたが、施設・事業所がサービス利用を検討している本人、家族その他の関係者にとって、そこで提供されている介護・支援・

保育サービスの品質を信頼するに足る状況になっていなくてはならないのです。そこで提供するサービスを利用するという決意は、お客様が現場でするからです。施設・事業所の見学のときには、おもてなしの心で説明・応対するというソフト面の充実と並んで、ハード面の充実もまた肝要なのです。ただし、単に新しく広い建物や設備が良いということではないので、四つの役割の点から確認してください。

5 商品とは何か

本章「1 顧客は誰か」で紹介したとおり、岩倉信弥教授の慧眼《けいがん》にならえば、福祉施設の商品とは「施設利用者」です。商品開発とは、施設利用者が今よりも良い生き方をすることに向けた支援となります。そのために、施設長もスタッフも人として良い生き方を身につける修行を続けることが必要になるでしょう。

内閣府が二〇一二（平成二四）年八月に発表した「国民生活に関する世論調査」によると、「今後の生活について、これからは心の豊かさか、まだ物の豊かさか」の問いに「物質的にある程度豊かになったので、これからは心の豊かさやゆとりのある生活をすることに重きをおきたい」と答えた割合が六四・〇パーセント、「まだまだ物質的な面で生活を豊かにすることに重きをおきたい」と答えた割合が三〇・一パーセントとなっています。一九七八（昭和五三）年五月調査の回答の割合は逆でしたから、ここ三〇数年は心の豊かさを物の豊かさより重視する国民の方が多くなっているのです。

ちなみにですが、「生き方、考え方について、働く目的は何か」の問いには、「お金を得るために働く」と答えた割合が五一・一パーセント、「生きがいをみつけるために働く」と答えた割合が二〇・八パーセント、「社会の一員として、務めを果たすために働く」と答えた割合が一四・八パーセント、「自分の才能や能力を発揮するために働く」と答えた割合が八・八パーセントとなっています。前回二〇一一（平成二三）年一〇月の調査結果と比較してみると、「お金を得るために働く」と答えた割合が上昇し（四八・二パーセント→五一・一パーセント）、「生きがいをみつけるために働く」と答えた割合が低下しています（二二・六パーセント→二〇・八パーセント）。

働く目的は何かの問いの答えにある「お金を得るため」というのは、目的ではなく手段ではないかと思いますが、心の豊かさが物の豊かさに優先すると考える国民が六四・〇パーセントにまで増えていることは注目に値します。

福祉サービスは、物の豊かさではなく心の豊かさを満たすものと思い込みがちですが、今すぐ欲しいというニーズは心の豊かさを求めることとは必ずしもマッチしません。そのため、ここでは福祉サービスは「モノ」であると理解したうえで、福祉施設・事業所は心の豊かさを求める人々のニーズに応える商品・サービスを提案・提供していく必要が新たに生まれてきていると考えるべきです。

第1章「4　スタッフに素敵なサービスを提供してもらうために」でも紹介した小阪裕司氏は、ハーレーダビッドソンジャパン元社長の奥井俊史氏の言葉を紹介しています。「今の日本の消費者にバイクを売ろうと思ったらバイクを売ってはいけない。売るべきものは『ハーレーライフ』だ」(『「心の時代」にモノを売る方法』(角川oneテーマ21)角川書店、二〇一二年：一〇一～一〇二ページ)。そのうえで小阪氏は「一番売りたいモノはハーレーというバイクであっても、そのためにもハーレーライフというコトを売ろうと思ったら、どうするか」と問い掛けているのです。

これを障害者の就職支援になぞらえると、「就職支援」を売るのではなく、「仕事ライフ」「仕事人生」「仕事のある生き方」「人生に仕事がある喜び」を売るということになります。仕事のある人生をおくるためには、まず就職しなければならないことは確かです。しかし、さらに仕事人生を追求する仕事道を極めるには「就職以外」のコトが必要になるのです。

仕事は、前記の「国民生活に関する世論調査」の結果が示すとおり、「お金を得るために働く」と答えた割合が五一・一パーセントですから、収入を得るという要素ははずせないでしょう。ここで、さらに収入を得るのはそもそも何のためかと考えていけば、預金残高の数字を大きくすることではなく、得られた収入を消費支出(投資支出)して何かを得ようとしているはずです。仕事で手にしたいものは職場で遂行する作業そのものではなく、安心、満足、心の充足、達成感、貢献の喜びなどを感じる具体的な「生活の姿」であるはずです。それには「就職」が入り口ではありますすが、就職さえすれば自動的に手に入るものではありません。就職支援という福祉サービスは、この点を視野に入れればその姿は大きく変わるのです。

そのための障害者支援は、施設・事業所だけで担えないでしょう。だからこそ、地域の様々な業界と連携しなければならないのです。

この連携については、第4章でもお伝えします。

6 福祉サービスの選択のためにセカンドオピニオンを保証しよう

アメリカのマーケティング界の権威であるジャック・トラウトは、「人が何かを選ぶときには、（中略）必ず『違い』を根拠に選んでいる。（中略）たくさん並んだ商品は意思決定の『素材』でしかない。問題はそこから何を『選びとる』かだ」（ジャック・トラウトら『独自性の発見』（原題：Differentiate or die）海と月社、二〇一一年：三三ページ）と述べています。

お客様による購入決定とは、選択の決意のことであるので、購入とはすなわち選択であり、さらに言えば、お客様は商品ではなく選択そのものの入手を求めているのです。この「選択」とは他との違いがあってこそできることだから、それを「独自性」と名づけているのです。また、「際限なく成長を求めると『あらゆる人のためのあらゆる商品』という罠に落ちることが多い。これは差別化の終わりを意味する」（前掲書：二六七ページ）と商品の差別化にはお客様を絞り込むだけでなく、お客様に訴求するポイントを絞り込む必要性があることを強調しています。顧客満足のポイントはサービスそのものではなく、むしろサービス選択のプロセスにあるという、まさに、トラウトならではの指摘です。

福祉サービスの利用もまた、この「選択」という要素に着目する必要があります。ここではお客様の選択を保証するための手段の一つとして、「福祉のセカンドオピニオン」について取り上げます。

私が勤務する法人では、平成二〇年度障害者保健福祉推進事業「障害者自立支援調査研究プロジェクト」を受託しました。テーマは「利用者本位の公平で公正な就労移行支援サービスのあり方に関する研究」でした。この研究は、ＩＳＯ主任審査員の資格と経験をもつ当法人の小沢啓洋が提案しました。彼がＩＳＯ９００１（品質マネジメントシステムの国際規格）における「設計・開発」の手法（考え方）を援用した新しい個別支援計画の作成の枠組みをつくることで、お客様の権利を今よりもさらに守りたいと発想したのです。

就労支援に限らず、全て障害者支援には個別支援計画があります。この計画の出来映え次第で支援そのものが決まることになります。この個別支援計画が、障害者のニーズに合致しているか、そのニーズを叶えるために地域の福祉関連の社会資源を十二分に活用しているか、を検討しながら作成されなければなりません。個別支援計画を作成するサービス管理責任者には、そのための知識や地域ネットワークを組織する力が求められています。

しかし、いかにサービス管理責任者がこの力を発揮して本人のニーズに合った個別支援計画を作成したとしても、本当に障害者の権利を保障するには、全く別のサービス管理責任者が作成する複数の個別支援計画との比較検討の機会が、お客様に保証されなければならないのではないでしょうか。ケアマネジャーが作成する「ケアプラン」についても同様ではないでしょうか。

しかしながら、今の福祉業界の中では、このようなことは行われていません。そこで、お客様が、複数の個別支援計画やケアプランを比較検討して、自分の支援者や介護事業者を決定していくシステムを作り上げていくにはどうしたらよいのかを研究テーマにしたのです。

医療現場ではセカンドオピニオンがどのように活用されているのか、そしてその限界はどこにあるのか、福祉業界にこのような考え方を導入するとすればどのような工夫や、将来に向けての制度整備が必要になるのかをまとめました。

一つの地域にある複数の施設・事業所が、あたかもお客様を取り合うような仕組みが本当につくれるのか、またそのような仕組みがお客様の権利擁護に本当につながるのか、という疑問もありますが、「できない理由」を見つけるのではなく、「どのようにしたらできるようになるか」を追求したのです。この詳細は当法人のホームページを参照してください（http://www.meiroh.com/jigyo/20_hokoku/index.html）。

個別支援計画書やケアプランは、お客様にとって「自分のためだけのもの」と感じられることが大切です。そのために、作成者は「自分の計画作成の意図を分かってくれない人」「福祉のことが分かっていない人」と協議するプロセスを意識してつくることが公正性を担保することになります。私たちが気づいていないことを強烈に示唆してくれるのは、いつでも専門外の素人だからです。

どんなに工夫して作成しても、一人では気づき・考えが及ばないことがあります。一方で、自分が全く見えていないところがよく見えている人がいます。その人は、逆に私たちが見えているところが見えていない人です。だから、私たちが「この人、福祉の常識が分かっていない」と感じる人こそが大切なのです。素人が一〇人集まってもその中からプロの計画は生まれませんが、プロには素人の着眼点を活かした計画を作成する力が必ずあるからです。

お客様の「選択のプロセス」を重要視し、それを保証することが顧客満足度を高めることにつながります。実は、「選択のプロセス」とは迷うことを意味します。つまり、決める前に迷うことが必要になるのです。ですから、選択とは、「迷いそのものをなくしてしまう」ことではなく、「迷いを経てから脱する」ことなのです。となると、どのようにして選ぶか、という選択の基準も併せて提供しなければなりません。「選択肢」に加えて「選択の基準」の提供です。セカンドオピニオンはあくまで「選択肢」の提供です。

この選択の基準が「独自性」に他ならないのです。私たちが提供することができる選択の基準とは「他とは異なる点」です。「福祉サービスはどこでも同じようなものですが、せっかくおいでになったのだからすぐに契約をしましょう」であってはならないのです。施設・事業所がそこで働くスタッフの強みを活かした独自性を確立することは、すなわちお客様に「選択する理由」を示すことなのです。

迷いの話をもう一つ。

入所施設の役割とは、何でしょうか。私は、入所施設とは集団生活の不満に徹底的に応える姿勢をもってサービスを提供するところである、と定義したいと考えています。私が勤務する施設は、就職支援を一番のメインに据えていますが、就職支援に特化すればするほど「就職したくないお客様」の姿が見えてくるようになります。すると、就職したくないお客様が必要とするサービスとは何なのかを考えるようになりがちです。実は、人は自分のニーズの中に「就職したい」と「就職したくない」とが同居しています。ですから、就職支援を成功させるには、就職したくないニーズへの対応力がものをいうわけです。就職したくないお客様や、就職したくても就職できないお客様への対応力を高めることが、結果として就職支援の効果を生み出すことになるのです。

アメリカの心理学者であるマズローが発表した「人間の欲求の発展段階説」では、人間の欲求の段階を、生理的欲求、安全の欲求、社会的・親和の欲求（愛されたい欲求）、自我・尊重の欲求（社会的に認められたい欲求）、自己実現の欲求と五つの階層で説明し、ある階層のレベルの欲求を満たすと、上位の欲求を満たしたくなる、と人間の精神的成長のプロセスを説明しています。

この発展段階説は、非常に簡略化単純化されたモデルと理解する必要があります。同じ人間が同時に複数の階層に属する欲求を併せもつものであり、成長についても一方向というわけではなく、まさに欲求は右往左往します。

人間の心の中には常に、迷い、ためらい、後悔が去来するものなので、人間に対するサービス・支援についても、この心理に合わせなければならないのです。この論理を、施設入所支援サービスに応用するといろいろなニーズ対応のアイデアが出てきます。是非、あなたもお試しください。

7 お客様（サービス利用者）の信頼を得るために

働く幸せを守る

日本理化学工業㈱会長の大山泰弘氏の著書『働く幸せ』（WAVE出版、二〇〇九年）に障害者雇用に取り組む企業の工夫が紹介されています。「大切なのは、働く人に合わせた生産方法を考えること」（前掲書：九三ページ）「理念だけで会社を経営することができるわけではありません。理念を『形』にする必要があります。それが（中略）『工程改革』でした。これがなければ、知的障害者を主力とする会社を作り上げることはできません」（前掲書：九四ページ）。障害者一人ひとりに合った実習・就職・通勤・作業というものがあり、その姿は健常者と同一のものではなくてもその成果は同等なものを目指すために、プロセスを新規開発しなければならないのでしょう。同書にある「工程改革」という言葉からは、これのプロこそがスタッフのあるべき姿であると啓示を受けました。

「障害者の幸せはすべて福祉行政が担うという発想から抜け出すべき」（前掲書：一六九ページ）と言う大山氏は、同じく前掲書の中で、三〇年前にイギリスのデイケアセンターを訪ねたときに施設の職員から「『私たちは生活のケアのプロですが、仕事（技術）を教えることについてはアマチュアです。仕事については、専門家である企業にお任せしたほうがいいに決まっているじゃないですか』」（前掲書：一五三ページ）と言われたと述べています。福祉施設のスタッフは、イギリスの施設職員が言うように、生活の支援スキルと作業遂行能力を発揮させるスキルとの両方が大切ですが、その両方を担うことはできない、という考え方もあるでしょう。一方で、両方が必要だから両方のスキルを獲得することを目指すべきだ、という考え方もあるでしょう。少なくとも両方のスキル獲得を目指さないのであれば、どこかと、誰かと連携しなければならないことになります。

企業への就職が全ての人に必要でないことは当然のことです。しかしながら、就職したいと願う障害者に対して、支援者が就職させる力をもたないまま、あるいは、例えば障害者の就職における企業との連携を追求しないまま生活支援が大切と主張するのは、一種の「虐待（差別）」ではないでしょうか。虐待の根本とは「願いを踏みにじる」ことにあるからです。

自分（支援者）にとって最高と思える人生観をもって心から接しても、願いを踏みにじる辛さを、支援の受け手である障害者との間に感じないならば、それは「独善」となる危険性が高まります。だからこそ、障害者のために職務に命を懸けているという「意識」に酔ってはいないか、自分の行動の影響を問い直す姿勢を失ってはいないか、と常に自問しなければなりません。

障害者の働く幸せを守るほんとうの難しさは、支援者の心の中にある「人の幸せとはこうあるべき」という自分の経験だけに依拠《いきょ》し、そしてそこにしがみつくあまり、知らず知らずのうちに相手の願いを踏みにじっている現状に鈍麻してしまうところにあるのです。

ここで「働く幸せ」を「暮らす幸せ」と置き換えるならば、高齢者介護の現場における介護の独善から脱する視点を手にすることができるでしょう。

足を靴に合わせてはいないか

靴の選び方に関する情報は、ネット検索で簡単に見つけることができますが、人それぞれのこだわりをもって自分に合った靴を選んでいることでしょう。ですが、最も良い方法は「良い靴屋」を選ぶことです。

靴の売れ筋は、婦人靴では一般的に二三・〇センチと二三・五センチ、紳士靴では二五・〇センチと二五・五センチです。当然どの靴屋でも売れ筋サイズを多く揃えるはずですが、靴はサイズだけでなく、デザインや色でも選択幅が広い商品なので、多品種少量の品揃えとなります。その結果、様々な在庫管理の工夫がされていますが、売れ筋サイズが最も「品切れ」になる可能性が高くなります。あなたも過去に、せっかく気に入ったデザイン・色の靴が見つかったのにちょうどいいサイズがなくて残念だったという体験があるのでないでしょうか。このときのことを思い浮かべてください。もしも、お店のスタッフが「革靴は履いているうちに伸びますから」とひとサイズ下の靴を勧めてきたら……要注意。足を靴に合わせさせる売り方が良くないことは明白です。お気に入りのデザインでどうしても買いたい、という気持ちが強ければ強いほど、こういうスタッフの勧めに乗ってしまうものです。自分にぴったりのサイズが売場にあるにも関わらず、「革靴は履いているうちに伸びますから」とわざわざサイズの小さいものを勧めてくることはないはずです。お店の在庫の都合で、足を靴に合わせようとするスタッフがいる靴屋は、残念ながら「良い靴屋」とは言えません。

いよいよ本題です。入所施設のサービスは、そのほとんどがマンツーマンではありません。他の利用者と一緒に過ごすシーンが多くあります。新しく利用を始めるときに、本人にとっても家族にとってそのことがとても心配になるものです。そのような心配に対して、あなたはこう言っていませんか？

「大丈夫、そのうちに慣れますよ」

この説明は、前記の靴屋の例を思い浮かべれば、良くないということに気づけます。不安の解消のためには、具体的にどのようなきめ細かな心遣いや支援が用意されているか、ということを伝えなければならないのです。「そのうちに慣れますよ」という言葉は、「慣れないならば、柔軟性や適応力に乏しいあなたが悪いのですよ」というメッセージを伝えてしまうことになるからです。靴屋で、いい加減なサービスを受けたことに対する不満を感じるのは容易ですが、入所施設において、お客様の不安に向けて同じような説明をして、不満や不安を感じさせてしまうことには鈍感なものです。これはとても注意が必要なところです。

お客様に福祉サービスをどう伝えるか［宣伝・広告の活用］

本項は、宣伝・広告がテーマです。

あなたは、宣伝・広告でお客様にどのようなメッセージを伝えたいですか。「使ってください」「利用してください」「買ってください」などとすぐに思いつくでしょう。

あなたが伝えたいメッセージを考えるとき、当然あなたは、自分が販売している商品や提供している福祉サービスを思い浮かべますね。当たり前のことです。当たり前過ぎることだけに大きな落とし穴があります。

あなたほど「（あなたの）商品」をよく知っている人はいません。ということは、あなた以外の人は「（あなたの）商品」を知らないのです。詳しくいうと、利用契約までの手続きを知らない、価格を知らない、規格を知らない、納期を知らない、お店（施設・事業所）の場所を知らない……何より困るのは「あなたが売っていること（福祉サービスの提供事業者であること）」を知らないのです。

例えば、あなたがパンを売っていたとして……、あなたの目の前を通り過ぎる人から「すみません、このあたりでパンを売っているところを知りませんか?」と尋ねられた状況を思い浮かべてください。「(何を聞いているのだろう? ここで自分が販売しているのに……と思いつつ)このパンはいかがですか?」「それは売り物なのですか?」「……?」。笑い話のようですが、実際に私が体験したことです。これほど、あなたが「売ろうとしている」ことが他人には伝わっていません。バカなことを言うな、と否定するのではなく、ここがスタート地点だと考えてください。だからこの場合、まずは「わたしはパン屋です」ということをお客様に知ってもらうことが第一段階です。

あなたの施設の名前、あるいはあなたのお店の名前、つまり「屋号」を模造紙やボードに書いて、見知らぬ人に見せて「ここは何を売っているお店だと思いますか?」「ここはどのようなサービスを提供している施設だと思いますか?」と聞いたとしたらなんと答えてくれるでしょうか。想像してみてください。もしも、あなたのお店の名前が「おいしいパンの□□□」「焼きたてパンの○○○」「ベーカリー△△△」ならば、おそらく一〇人が一〇人とも「パンを売っているのですね」と答えてくれます。しかし、施設・事業所の名前(屋号)ではどうでしょうか。あなたの名刺はいかがですか。

お客様はあなたが何を売ろうとしているのか分からないと、商品が欲しいにもかかわらず、あなたから買おうとしないのです。それは、あなたを知らないからです。あなたのメッセージが届いていないのです。あなたの存在そのものが知られていないのです。お店の名前(屋号)はそれほど大切なのです。ここがスタート地点だということがお分かりでしょうか。そのうえで、あなたがお客様に伝えたいメッセージを考えてください。お客様はあなたが心を込めて丁寧に一五分間商品説明するのに耳を傾けてはくれません。一五分どころか、一分も聞いてくれません。せいぜい一〇秒から二〇秒です。文字にしたら三〇〜五〇文字くらいです。通販カタログはとてもよい商品説明の手本になるので必ず数冊手元に置いて、一つの商品説明にどれくらいの文字数を使っているか見てください。他人の気持ちを引きつけるにはそれほど瞬時に説明を完了する必要があるのです。

「あなたの商品（福祉サービス）を一〇秒以内で説明してください」

これが思いつかないならば、お客様にあなたのメッセージは届かないのです。つまり、お客様は買わないのです。

あなたのメッセージが明確になったら、次はそれを表現する段階ですがここにも落とし穴があります。それは「ホームページ」「パンフレット」「チラシ」には、あなたが伝えたいことではなくお客様が聞きたいことを書くものだからです。

相手が聞きたいことや読みたいことが書いてある典型的なものは「ラブレター」です。ラブレターは特定の一人に向けて書くものだけれど、ホームページやパンフレット、チラシは多くの人に向けて書くものという思込みには注意してください。人は、自分に向けて書かれていると感じなければ読む気にならないからです。このチラシに書いてあることは自分に向けてのことだ、と感じてもらうことがポイントです。受け取った人に喜んでもらうためには、受け取った人が読んでうれしい表現にしなければならないということです。

改めて、お客様が聞きたいことと、あなたが伝えたいことの違いに着目してみましょう。

①（あなた）「安いよ（だから買ってください）」……×
（お客様）「どうして安いの？　粗悪品だから？　賞味期限切れだから？」

②（あなた）「福祉に協力して（だから買ってください）」……×
（お客様）「買うとどのように協力したことになるの？　買うと誰がどれくらい幸せになれるの？」

③（あなた）「素材が健康にいいよ、地球環境に優しいよ（だから買ってください）」……×
（お客様）「健康・環境は聞き飽きたよ、漠然としたお題目ではなく科学的な根拠を示してよ。たとえ、福祉・健康・環境に良いとしても、どうして『あなたから』買わなくてはいけないの？」

お客様の聞きたいことに答えていくのは簡単なことではありません。また、オールマイティな答えはありません。一〇〇人が一〇〇人とも納得する答えはないのです。人間の行動心理によれば、「他の人が納得しているから自分は納得しない」という人は必ず一定数存在します。「他の人が買っているから自分は同じものを買わない」という消費行動をする人がいます。ですから、少なくとも購入金額に見合う効用が得られるか、という観点で検証する必要があるのです。パンフレットなどに何を書いたら、お客様の反応が良いのか、つまり売上が上がるのかは、実験・検証してみなければ判断できないのです。

集客は商品や品質に依存するのではなく、広告の表現に依存します。だからといって、広告の表現で嘘をついてよいわけではありません。お客様をだましてはいけません。宣伝・広告は、その効果が多少見えにくいので、広告の表現を工夫し続ける「気力」を維持するのが難しいかもしれません。宣伝・広告の効果が見える人は、どんどん工夫をしてさらに効果が上げられるのに対して、効果が見えない人は工夫を徒労に感じてしまうのです。お金もかかるので余計に無駄だと感じてしまうのです。その結果、その効果が表現次第ということは、結局お客様をうまくだますことではないか、だからお客様に正直に対応すべきであって、宣伝・広告に捉われることはない、という自己正当化にしがみついてしまうのです。

またここで気をつけていただきたいのは、広告代理店との付合い方です。宣伝・広告をアウトソーシングするならば広告代理店です。地域によっては地元の印刷業者が広告代理店の役割を担っているかもしれません。あなたの商品を売るための手段として広告代理店に依頼するわけですが、あなたは、自分の商品を売って売上を上げようとしますが、広告代理店のお客様は「あなた」です。広告代理店は、宣伝・広告であなたの集客のお手伝いをしてくれますが、あなたのお客様を集めるのが主目的ではなくて、あなたから宣伝・広告の仕事を受注するのが仕事です。あなたがお客様なのです。

ですから、広告代理店に仕事を発注するときは、費用対効果の目標を策定してからにしてください。つまり、宣伝・広告の予算をあらかじめ設定して、しかもその予算投入でどのような成果を引き出そうとするのかまで事前に明確にしておいてください。でないと「カモ」になってしまいます。もっとも良心的な広告代理店ならば、末永い取引のためにこのあたりの相談にしっかりと乗ってくれるはずです。

こだわり（企業ブランド）を伝える

私が勤務する施設では、宅配弁当の製造販売をしています。お客様の作業科目の一環として二〇〇五（平成一七）年秋から取り組んでいます。事業の開始にあたっては、静岡県御殿場市の富岳会の事業をお手本としました。

宅配弁当の製造販売を始めてからは、地域のお客様から様々な意見や励ましをいただきました。クレームもありましたが、その中にはおかずの味付けやご飯の炊き方などについての要望が多く含まれていました。味付けに関しては、濃い薄いは個人的な好みに係わることですし、ご飯の炊き方についても硬い軟らかいもまた個人的な嗜好に係わることです。

そこで、製造スタッフがどのような工夫を凝らしているかをお客様にしっかりと説明していくことにしました。注文した「お弁当」が届き、目の前に置いたとき、お客様にはお弁当しか見えません。けれども、工夫をすれば、スタッフがお弁当をどのような思いでつくっているかをお客様に見せていくことができるのです。具体的には、お弁当の包み紙に様々な情報を印刷してお届けすることにしたのです。

山崎修総料理長にどのような工夫をしているのかを聞いてみました。総料理長は、弁当受注拡大のために包み紙に盛り込む情報として次のような内容のメモを私に渡してくれました。

1 一ヵ月前には季節食材の市場調査をして季節感あふれる献立作成をしています。
2 野菜を多用し常に二〇種類以上の食材を使用します。
3 味付けのレシピは、お客様の飽きを少なくするため、あえて標準を定めず、調理のプロが、食材や全体のバランス、量、季節などを考慮して毎回定めています。
4 郷土料理定番の香の物はおかずとして多めに盛り付けています。
5 箸休めとして、二〇種類以上（海苔佃煮・唐辛子味噌など）の中から選択して盛り付けています。
6 変わりご飯（白飯でない味付けご飯、炊き込みご飯など）は、お客様の嗜好を配慮してご飯全体の三分の一以内で盛り付けています。
7 ご飯は美味しく炊き上げるために、五升炊きの炊飯器でも四升以上は炊きません。
8 ご飯には、抗菌、防腐の効能と特に疲労回復効果のある梅干しを入れています。
9 年配者用の献立には、ゴマや硬い梅干しは入れません。
10 盛付けは、ふたを開けたときを考え、真上からでなく四五度上からの視線を意識して行っています。

11 お弁当一つひとつの盛付けの最終チェックを調理のプロがしています。
12 ワサビからの天然成分（からし油揮発性成分）を持つ抗菌効果のあるシート（商品名：ワサオーロ）をお弁当に一枚使用しています。
13 弁当容器、配達用ケース、運搬車に除菌用アルコールを使用して殺菌・除菌・制菌しています。
14 献立表にはカロリー表示をしています。
15 保温器で温かいご飯をお届けします（レンジ対応の器も用意しています）。
16 一食からでも配達します。
17 夏場は麺類、冬場は新鮮魚介類（刺身等）も献立に含めます。
18 精進弁当、行事弁当等にも対応します。

このような工夫は、お弁当業者にとっては当たり前のことかもしれません。しかし、お弁当を毎日注文する人にとっては、決して当たり前のことではないのです。このような情報をお客様に届けることで、お客様に選択されるのです。

山崎総料理長の工夫は、お弁当を美味しくするための工夫です。美味しく見せる工夫です。けれども、この工夫をするだけでは、そのことがそのままお客様に伝わりません。努力をしていても、お弁当は美味しくて当たり前、安くて当たり前、衛生的で安全で当たり前、と考えられてしまいます。当たり前のことを「お客様にどのように伝えていくか」が大切なのです。

「お菓子は大地の恵みです」というキャッチフレーズで有名な北海道の「六花亭」の通販パンフを機会があれば是非手に取って見て欲しいのですが、製造工場でどれほど衛生管理に留意しているかということが語られています。衛生管理業務は、お菓子の味とは関係がないことです。お菓子の製造原価を効率的に下げていくこととも関係がないことです。けれどもお客様は、その一見、関係がないことを通じて企業の姿勢を感じ取っていくのです。お客様がこのように企業イメージ（企業ブランド）を感じていくことに、「六花亭」はエネルギーを注いでいます。

このことに大いに学ぶべきだと思います。

第3章

福祉業界の進化へ向かう針路

1

「研修に参加する」は決して主体的な行為ではない

「研修に参加する」ことを自分にとっての主体的な行動であると思い込んではなりません。研修

本章で追求するテーマは、福祉業界を良くしよう、強くしよう、ということではありません。福祉業界が、日本の社会や将来の子どもたちが生きる時代を、良くしようということです。福祉業界、社会福祉法人の本業は、高齢者、障害者、子どもたちのＱＯＬや生きる喜びを高めることだと限定的に捉えてはなりません。社会に生きるすべての人を幸せにすること、社会に生きるすべての人が将来子どもたちの生きる時代を良くしようという思いの先導を務めることが、福祉業界、社会福祉法人の本来の使命ではないでしょうか。

自分が働く施設・事業所のサービスを利用するお客様を幸せにする仕事を通じて、目指すべきゴール・舵を切る方角はそこにあるということです。高齢者、障害者、子どもに接する現場に身を置く理由は、福祉業界の先輩から受け継いだものを、将来の国づくり・社会づくり・人づくりに活かすところにあるのです。

会に「参加する」とは、教えてもらうことに過ぎません。たとえ新鮮な情報を研修会で教えてもらったとしても、それが行動に結びつかなければ、知らないと同じです。行動する、すなわち自分から他人に何かを与える、自分が助ける相手を見つけて真摯に尽くす一歩を踏み出さなければなりません。

自分が本当にしたいことは何かを求めて行動に踏み出さないとすれば、単に「受講記録」が残るだけです。研修を受けただけで手にできるものは「受講記録」に過ぎません。「参加する」というかにも能動的に感じる言葉に惑わされてはなりません。支援現場にいる高齢者、障害者、子ども、その家族、障害者雇用企業の人々が、心から必要だと思うことは何かを考え続けて、そのために身を投げ打つ覚悟で「行動をする」ことが本当の目的です。全ての行動がお客様の幸せを希求することに基づかなければならないのです。

2 人との会話で「自分の強みとその落とし穴」に気づく

ある研修会のグループディスカッションで気づいたことです。グループディスカッションの終わりで、各グループからの発表を聞いていたところ、発言されていた強み・弱みの内容が、私の感じるものとは異なっていたのです。施設運営や商品販売などの話題にもでることの多い「このような不具合がある」「このようなマイナス条件がある」という弱みに関する発言は、謙遜しているからでしょうか、必ずしもマイナスや弱みではないと感じることがあります。しかし、このときは正反対に感じました。つまり、「これが自施設の強みだ」「自施設にとっての追い風（好ましい環境）だ」という発言に対して、それを強みと捉えることは危険ではないかと感じたのです。

強みと弱みはその捉え方、感じ方次第でなんとでも評価できますが、自分にとって強みだと思い込んでいることが実はマイナス条件だとしたらどうなるでしょうか。

前著『施設長の資格！』の中でも書いたことですが、例えば、「障害者自立支援法（現・障害者総合支援法）をどのように活用できるか」と考えることが大切で、「障害者自立支援法を『チャンスをもたらした救世主』ととらえることができる事業所だけに、障害者自立支援法は明るい日差しを降り注ぐのです」（前掲書：一一六ページ）。前掲書では、自分にとってのマイナス条件、マイナス環境にフォーカスするのではなく、自分を取り巻く環境をどのように活用できるか考えましょう、と提案しました。しかし、このことだけでは、不十分だったことに気づいたのです。自分にとって好条件と感じていることに「落とし穴」が潜んでいる、自分が感じるプラス条件、プラス環境の中に「改善点」があり、それを見つける努力を惜しんではならないと強く自戒しました。

ドラッカーは「誰でも自分の強みはわかっていると思う。たいていが間違いである。知っているのは、強みというよりも強みならざるものである。それでさえ間違いのことが多い」（P．F．ドラッカー『明日を支配するもの』（原題：Management challenges for the 21st century）ダイヤモンド社、一九九九年：一九四ページ）と述べており、強みを知る唯一の方法が「フィードバック分析」だと述べています。第1章「2「自分の専門性」を目に見える形にする」で紹介した「自分ケアプラン」もそのつたない実践の一つです。さらにドラッカーは、フィードバック分析から分かることとして七つの項目を挙げていますが、特に重要なこととして「無知の元凶ともいうべき知的な傲慢を正すこと」（前掲書：一九六ページ）と強調しています。一芸に秀でた人が、他の分野を馬鹿にして他の知識などなくても十分だと思うこと、専門外のことをむしろ知らないことを自慢したがることがあるので、「知的な傲慢を改め、自らの強みを十分に発揮する上で必要な技能と知識を身につけていかなければならない」（前掲書：一九七ページ）と戒《いまし》めています。強みがあるからといって安住するな、ということでしょう。

福祉業界の中でも、介護・支援・保育の技術に関する専門性を磨くことは当然のことですが、さらに自分自身の「強み」を見つけ、それを活かしていくためには、専門外のことについても身につける必要があるのです。「専門分野の深い理解のために、専門外分野を勉強する」姿勢が大切なのです。この点からみれば、行政職員が数年で担当部署を変わり続けることには一理あるのかもしれません。「自分の専門分野における強みとは何か」を一人で考え続けることは大切ですが、多くの人の考えに学ぶこともまた大切であり、そのためには費用と時間をかけて研修会へ出かけることが重要だと感じられた時間でした。

3 グリーン購入法から優先調達推進法の改善点を見る

いつでも私たちの仕事上の専門性は、将来の国づくり・社会づくり・人づくりに直結しているという意識を忘れてはならないのです。そのために、常に高い視点で「連帯感」を感じる必要があります。私たちは「強さ」を身につける必要があります。それは弱い者を助けるためです。助けるという目的のない強さは、「恐怖」であり「暴力」です。

障害者就労施設等が供給する物品等に対する需要の増進を図るために、二〇一三（平成二五）年四月から「国等による障害者就労施設等からの物品等の調達の推進等に関する法律（優先調達推進法）」が施行されました。この法律によって、国等による障害者就労施設等からの物品等の調達の推進等に関し、障害者就労施設等の受注の機会を確保するために必要な事項等が定められました。この優先調達推進法の前身は「ハート購入法案」でしたが、この法律の実効を高めるためにグリーン購入法の成功に学ぶことが必要です。

武蔵野市長・衆議院議員を務めた土屋正忠氏が、二〇〇八（平成二〇）年五月二四日に自身のブログで「障害者の授産施設が仕事を確保することが難しい。また、製品も競争入札などでは一般企業に太刀打ちできない。そこで、国や地方公共団体等が優先的に仕事を発注するよう奨励することが必要となる。その根拠となるべき法律を、今国会に議員立法で提出する方針を自民党は固め、長い法律名を短縮して『ハート購入法』と呼ぶことにした。先行する同様の法律に、『グリーン購入法』がある。この法律はリサイクルをすすめるため、鉛筆や文具など廃棄物を活用して再び商品とした時、国や地方公共団体が優先して買い付けるもので、略称で『グリーン購入法』という。『ハート購入法』も名称や法律の構成など『グリーン購入法』を参考にしてつくった。（中略）障害者の皆さんが、少しでも自立してゆく道をつくることが大切だ」と述べていました。

また、グリーン購入法（正式名称：国等による環境物品等の調達の推進等に関する法律）については、人間学を学ぶ月刊誌『致知』二〇一〇年七月号（致知出版社）において「地方から国を変える」と題する対談で、一九九四（平成六）年から全国初の「グリーン購入運動」を滋賀県から開始し、国のグリーン購入法に結実させた北川憲司氏（東近江市地域医療政策担当）が成功のポイントを語っています。グリーン購入運動とは、環境に配慮した商品を優先的に購入する消費者運動であると同時に、購入主体に環境配慮意識を根づかせる意識改革運動であるわけですが、グリーン購入法以前の同様な運動は結実していかなかったのです。北川氏はその理由を、市場原理の軽視と、市民、企業、行政の連携の未成熟にあると考え、大口消費者である行政による率先した購入から、生産者である企業を巻き込み、続いて消費者の意識改革が拡がる、消費者はゴミを出さなくなるから行政の廃棄物処理費用が減る、と全てにとって良いことの循環を生み出したのです。

これらグリーン購入法の仕組みのエッセンスを活かす観点に立てば、優先調達推進法をさらにより良いものにしていけるのではないでしょうか。グリーン購入法は、ガイドラインに沿った商品を生産した企業の製品を、行政が優先して購入するから企業にとってプラスがある、一般消費者もゴミを出さないので環境配慮を実感できる、行政はゴミ処理負担が減少するので財源の効果的活用ができる。全てが一〇〇パーセントOKではないでしょうが、それでも滋賀県の運動が国全体に拡がりました。これは事実です。

改めて優先調達推進法を見てみると、国や地方自治体が優先的に仕事を発注したり、生産物を購入したりするというものです。この仕組みの中に、企業にはどういうメリットがあるでしょうか、一般消費者にはどういうメリットがあるでしょうか。障害者の自立支援のために国や地方自治体が財源を割り当てるにあたり、「企業や一般消費者にメリットがあるかどうかは必要ない」「現在までの障害者が置かれた状況を考えれば、障害者だけにメリットがあればそれで十分で、メリットと呼ぶことすら適さない」という意見もあるでしょう。しかし、ここではもう一歩先に進みたいのです。私たちの専門性を、将来の国づくり・社会づくり・人づくりに活かしたいのです。つまり、仕組みや制度を根づかせ、その高い効果を引き出し続けるには、誰にとっても良いものでなければなりません。良いものとは、幸せでうれしくて、続けたくて、人にも勧めたくなるものです。

官公需でも民需でも、障害者支援に関する新しい制度や枠組みの構築にあたっては「敵・悪者」をつくらないことです。この点は北川氏も語っています。税金の使い道である官公需はみんなのものです。みんなが損しない仕組みを考え出さなければなりません。

そのために私が考えた具体的な方法は、みなし雇用と組み合わせた「福祉ポイント」の算定です。みなし雇用は最近では派遣労働に関連して、派遣先と派遣労働者の間に雇用契約が成立しているとみなす、みなし雇用を導入すべきとの意見が一部にあります。また、特例子会社に雇用されている労働者（障害者）を親会社に雇用されているものとみなし、法定雇用率を計算することができる制度があります。さらに、障害者の雇用の促進等に関する法律（障害者雇用促進法）において、雇用障害者数の計算にあたっては、その障害の種類・程度と労働時間の長短によりみなし人数が定められています。例えば、重度身体障害者や重度知的障害者を短時間労働以外での一人雇用を二人とカウントしたり、精神障害者の短時間労働者を〇・五人とカウントしたりします。同じ言葉が別のいくつかの概念で使用されていることに注意が必要です。

「割当雇用」との用語の使い方の整理も必要です。障害者雇用における割当雇用・納付金制度の役割に関しては、日本障害者雇用促進協会の広報課長であった小野隆氏の論文が参考になります（『リハビリテーション研究』第六三号一九九〇年三月：二～九ページ）。ここでは、障害者雇用促進法の法定雇用率に障害者雇用以外の方法で算定することを表す言葉として「みなし雇用」という用語を使用します。雇用という言葉を使用しても実際の雇用ではないため、本当ならば別の用語、例えば「雇用に代わる障害者支援策」を使用すべきところです。

優先調達推進法をさらに良くする提案として、民間企業や行政機関が障害福祉施設へ財（商品やサービス）の購入対価として支払う金額のうち、直接障害者へ工賃として支払われた額（簡便な方法として、例えば商品ならば二五パーセント、サービスならば三五パーセントの額）を「福祉ポイント」として算定し、福祉ポイントが、例えば九万円（月額）×一二ヵ月＝一〇八万円（さらに法定福利費相当分を上乗せ）になったときに障害者を一人雇用したとみなす仕組みを組み込んではどうでしょうか。さらに、スーパー・百貨店など小売店で福祉施設の財が販売されたときは、その売れた額（取扱高）に応じて福祉ポイントとして算定すれば（ただし、値入率・仕入率と関連させた上限設定が必要）、福祉商品の品質向上への要請も高まるでしょうから福祉施設・事業所にとっては大変なことですが、長期的には良いことになります。また、この仕組みで算入できる枠（上限）は、雇用すべき人数の、例えば三分の一とします。と同時に法定雇用率の大幅アップもします。そのためには、雇用率算定方法改定のために障害者雇用促進法の改正も必要になるでしょう。

将来的には、CO_2排出権取引市場ならぬ障害者みなし雇用取引市場が生まれることを視野に入れることも可能でしょう。民間企業や行政機関が単独で障害者雇用に取り組むだけでなく、国全体で障害者雇用を日本のあるべき姿として取り組む必要があるのです。

4 福祉施設は「中小企業」か

二〇〇九（平成二一）年六月二八日付の読売新聞朝刊に政府広報が掲載されました。「雇用と経済を支える中小企業の皆さんを応援します！」という大きな見出しで、経済産業省と中小企業庁からの広報でした。内容は、中小企業向けの政策でした。一つは「セーフティネット貸付」です。中小企業・小規模企業向けへの緊急融資の案内です。二つ目は「緊急保証」です。信用保証協会経由の融資条件改善の案内です。

そして、三つ目が驚く内容だったのです。それは「官公需における中小企業者の受注機会の増大」です。「官公需」とは福祉施設向けのことと思い込んでいたのは、福祉業界に身を置く私だけだったのです。同広報によれば、「官公需における中小企業の受注機会の増大に積極的に取り組んでいます」「発注情報の詳細は、各省庁及び自治体など各発注機関のHPまで」とあります。

社会福祉法人やNPO法人は中小企業ですから、社会福祉法人などが官公需を手にしようとするならば、もしかすると「厚生労働省」ではなくて「経済産業省」と連携を取る必要があるのではないか、窓口を間違っていたのではないか、と勘ぐりたくなりました。政府予算や緊急対策の中身の「中小企業対策」と「福祉施策」にそれぞれどのくらいの予算が組まれているかを比較すると前者の多さに驚きます。中小企業関連の人口と福祉サービス関連の人口とは桁が違いますから、さもありなんと納得できますが、そうであるならば福祉現場から国民全体にメッセージを発していくことは非常に大切なことになります。

国民の大多数が「障害者って何？」「障害者ってどこにいるの？」という感覚なのです。障害福祉関係者は、毎日身近に障害者と深く関わっているので、自分たちにとって当たり前でも、それが誰にとっても当たり前のことではないと気づくだけで、どれほど情報発信が国民全体との連帯感を醸成するために不可欠なことかが分かるのです。

5 何を情報として発信するか

福祉業界の施設・事業所の中でいかに素晴らしい仕事を展開していようと、そのことが外部のお客様に伝わらなければ成果が生まれません。ドラッカーは、「知識ある者は理解されるよう努力する責任がある。素人は専門家を理解するために努力すべきである、あるいは専門家は専門家と通じれば十分であるなどとすることは、野卑な傲慢である」（P．F．ドラッカー『経営者の条件』（原題：The effective exective）ダイヤモンド社、二〇〇六年：八九ページ）、「自らの貢献に責任を持つ者は、（中略）自らの仕事の成果を生かしてもらうには、ほかの人のニーズや方向、限界や認識を知らなければならないことを理解する」（前掲書：九一ページ）と述べています。ですから、施設・事業所で福祉サービスの実践の中身を良くしようとする行為と、このことを外部に伝えたり、協力したりする行為とは別ものであり、両方追求しなければならないと認識することが大切です。むしろ、福祉の専門家である私たちが成果を上げるためには、福祉の専門外である人々の専門性との統合がなければならないのです。そして、このことを相手方に求めるのではなく、自分たちが率先して行わなければならないのです。

福祉施設が福祉施設以外の民間企業に理解してもらうのは何のためでしょうか。反対に、福祉施設の施設長やスタッフは、民間企業のことをどこまで知っているでしょうか。そして、その知らないことに関して何か不具合は生じているでしょうか。何も困っていないから知ろうともしていないのではないでしょうか。民間企業の人々もそうです。福祉施設のことなど知らなくても何の不自由もないのです。ですから私たちは、何を何のために理解してもらうのかを明確にしなければなりません。

さて、就労継続支援事業では製造した商品を販売するという具体的な目的があるため、外部のターゲット（消費者）に就労継続支援事業のことを伝えようとしています。では、福祉施設・事業所が閉鎖的な印象を払拭して外部にその介護業務、支援業務、保育業務を伝える理由とは何でしょうか。この理由を考えて、確定する必要があります。

この検討プロセスを省略してしまうと、高価な施設案内パンフレットやホームページをつくっても、デザイナーと印刷業者だけが儲かり、福祉施設・事業所の置かれた現況にほとんど変化が生じることなく、例えば結果的に障害者工賃が上がらないことになるのです。制作業者にはパンフレットやホームページの納入実績が残り、施設長には一ページ目の顔写真入り挨拶文が残りますが、障害者には工賃が残らなくなるのです。

本章の冒頭で書いたように、福祉業界から日本の社会を変えようという志や心意気をもつならば、施設案内パンフレットやホームページで伝えるべきものは「施設・事業所で提供しているサービスの概要」ではなく「そこで働く施設長とスタッフが、強く熱い思いで将来のある子どもたちに残そうとしているもの」になるはずです。施設長やスタッフの生き方とはどういうものか、高齢者・障害者・子どもに接する現場になぜ身を置くのか、福祉業界の先輩から受け継いだものはどれほど将来の国づくり・社会づくり・人づくりになくてはならないものか、であるはずなのです。

6 海外進出の成功の鍵は異文化との同化

㈱アイブリッド国際営業本部長の細田秀雄氏は、同社ホームページで、「中小企業のグローバル戦略」に関するレポートを発表しています。

「日本国内では大企業のグローバル戦略は大きく進展し、それに関連して多くの中小企業もまた、主要取引先の海外展開に伴ってそれに追随する形で海外進出する企業や、製造コストの削減のためなど、生き残りを賭けてアジア諸国へ海外進出している。その一方、このような経営環境の激変の中で、新規事業展開を図るべく自ら積極的にグローバル化にチャレンジする中小企業も多く出てきた。（中略）慣れない海外での経営には様々な困難と多くのリスクが伴う。特に中小企業は大企業に比べ海外進出に際し必要な情報収集能力が不足していることや、経営資源に限りがある事から、一つの問題が経営の存亡に関わるようなこともある。

大きく変貌していくアジア域内において、グローバル戦略を展開し競争に打ち勝っていくには、『壕に入れば、壕に従え』で、まずは進出先国の文化・慣習・価値観・政策・法・食事に至るまで理解し受け止め同化することから始まらなければならない。日本の常識は必ずしもその国の常識ではないのである。今や情報技術（ＩＴ）は急速な進歩を遂げ、海外生産拠点とリアルタイムに情報連携できる時代だが、海外の拠点にあっては、生産・販売システムの仕組みやネットワークコミュニケーションの仕組みが導入されていても、それらを操る人的問題を解決しながら生産経営に臨まなければ、真のグローバル化は実現できない」と述べています。

この細田氏のレポートは、中小企業の海外進出に関する成功の鍵の話ですが、高齢者介護、障害者支援の現場にあっても共通するところがあります。強者弱者の理論を持ち出すまでもなく、高齢者あるいは障害者には「自分とは異なる文化、別の分化」があると考えてみることは有効です。

文化人類学を専攻する大学の先生から聞いたことですが、文化人類学のフィールドワークでは、その研究対象の文化・言語で対象理解をすることが基本的な研究姿勢なのだそうです。研究者の価値観で対象を観察・評価するのではなく、対象がもつ文化でその対象を理解するのです。これはまさに高齢者介護、障害者支援にそのまま援用できる研究方法です。

日本の生産管理の手法をそのまま持ち込むことで高い効果が上がるのではなく、その国の労働者がもつ文化に、いかに自分を同化させるかがポイントであることが、細田氏のレポートからも読み取れます。その国の労働者を日本のシステムに同化させるのではなく、その国の労働者がもつ文化に自分が同化することが鍵なのです。おそらく、文化人類学のフィールドワークもまた、研究者自身が対象フィールドに同化することが鍵なのでしょう。ですから、研究者は余人には理解ができないほど頻繁に対象地域に訪問するのです。

視点を私たちの支援現場に移したとき、この「同化」は何によって実現するのでしょうか。「弱者を救え」という視点からだけでは決して見えてこないものがあるはずです。彼らの文化の価値を同等に感じられるセンスを何によって獲得すればよいのでしょうか。その答えの一つが、細田氏のレポートのような日本企業の海外進出に関する研究から得られるのではないかと考えています。私たちは、中小企業の海外進出を、単に格安コストでの現地人雇用や為替差益にその利点がある、などといった皮相な理解に留めていると、海外進出に失敗した経営者と同様に高齢者介護や障害者支援の現場に大きく活用できる情報や仕組みを見逃すことになります。異業種に学ぶ姿勢が大切な理由はここにもまたあるわけです。

7 福祉のマスキー法に挑戦しよう

マスキー法という法律を聞いたことがありますか？

一九七〇年に米国民主党のマスキー上院議員が提案した「一九七〇年大気浄化法改正法案」は、ガソリン乗用車の一酸化炭素、炭化水素、窒素酸化物の排出を、当時の一〇分の一まで削減するという技術的にも厳しい条件を義務づけ、達成しない自動車は期限以降の販売を認めないという内容でした。自動車の排気ガス規制法として当時世界一厳しく、クリアは不可能とまでいわれましたが、日本のホンダがCVCCを開発して一九七二年に世界で最初にこの規制をクリアしたのです。

マスキー法そのものは、米国では自動車メーカー側からの反発が激しく一九七四年に廃案となりましたが、排気ガス規制自体は徐々に進み、一九九五年にはマスキー法で定められた基準に達しました。日本ではこれに先立つことの一九七八（昭和五三）年にマスキー法当初の目標どおりの規制が実施されました。このときのエンジン技術の研究開発が、その後の日本車の燃費向上に貢献したことはいうまでもありません。

二〇一三（平成二五）年四月、障害者自立支援法は障害者総合支援法（正式名称は「障害者の日

常生活及び社会生活を総合的に支援するための法律」）にかわり、障害者施策を段階的に講じるため、障害者総合支援法の施行後三年を目途とする検討規定に基づく新しい制度構築に向けた検討が行われています。障害者総合支援法の整備にあたっては、障害者権利条約批准のための国内法整備や障害者の労働権保障に関するＩＬＯ提訴に対する勧告・回答との調整などがその前提にあり、単なる法律改正に留まらず、広い範囲での検討や調整が行われています。このことは、福祉制度の構築にあたって、国内事情だけによらない制度設計の時代の到来を示しています。

自動車業界が、四十年以上前に挑戦した排ガス規制クリアの課題は、当時は誰もがばかげた規制だと捉えていましたが、真摯に取り組んだ日本企業がまず橋頭堡《きょうとうほ》を築いたのです。そして、いまでは誰もが自動車業界が当然果たさなければならない責任としてこれをみなしています。実は、ＣＶＣＣの技術はその後の触媒技術の進歩により、現在は採用されていません。技術革新の姿勢と成果のスピードには本当に驚かされます。

私は、障害者就職支援の課題を考えるとき、このマスキー法とＣＶＣＣが頭に浮かびます。誰もがばかげた規制、あり得ない基準、と考えているときに「クリアすべき課題」として取り組み、見事に達成することができた企業が日本に存在したことは歴史が証明しているのです。

福祉の業界における「マスキー法」は何でしょうか。例えば、障害者福祉施設の中で働く障害者に労働法規をすべて適用すること、これは現場ではだれもが不可能なことと考えています。しかし、一旦このことが解決すべき課題となったならば、クリアするために真摯に取り組まなくてはなりません。四〇年以上前の自動車と現代の自動車では、私たちの生活上で果たす利便性が大きく異なります。はるかに身近に、はるかに安全・快適になっています。障害者がもつ可能性（現時点では未発揮のエネルギー）は将来私たちの生活にとってなくてはならないもの、莫大な効用をもたらすに違いありません。将来の障害者の働く力の総和は、自動車の効用に匹敵するはずです。

8 提案力アップが鍵

障害者総合支援法の施行後三年を目途として、検討規定に基づく新しい制度構築に向けた検討が行われています。「障害程度区分」については、障害の多様な特性、その他の心身の状態に応じて、必要とされる標準的な支援の度合いを総合的に示す「障害支援区分」に改めるとしています。また、障害支援区分の認定が知的障害者・精神障害者の特性に応じて行われるよう、区分の制定にあたっては適切な配慮等を行うこととされています。「障害程度区分」を見直し、「障害支援区分」としても障害者の状況によって報酬額が決まるという「枠組み」に振り回され過ぎてはいないでしょうか。サービスの受け手の状態によって報酬が決まる、というのは決して一般的なものではありません。むしろ、サービスの提供者の能力によって報酬が決まるのが一般的です。

医療の現場は、福祉の現場に少し似ています。それは、患者の状態に応じて治療内容や患者にとっての医療費負担や医療事業者にとっての医療報酬が決まるように見えるからです。けれども、よく考えると違います。治療は患者の状態によって変わりますが、厳密にいうと、医療事業者による治療の内容によって報酬が決まっているのです。治療の内容は患者の状態に依拠しますが、患者の状態そのものによって診療報酬が決まるわけではなく、同じ治療であれば患者の状態に関わらず報酬は同じです。

これに対して高齢者介護・障害者支援の現場では、高齢者の要介護度や障害者の障害程度または、支援の必要度合いによって報酬が決まる仕組みがあります。高齢者や障害者にどのようなサービスを提供したかではなく、受け手の状態によって決まるのです。一般的な飲食店では、メニューが同じであれば飲食するお客様の空腹度合いによって金額が変わることはありません。物販店でもそうです。このようなお店で収入を上げたいと思えば、お客様にとっての満足度を上げるようメニューや商品・サービスの質を改善するのです。お店のスタッフの陣容や資格を整えようともするでしょう。お客様の状態がどうであるかという判断は、自らの提供するサービスの質を向上させるための前提としては不可欠ですが、報酬とはリンクしていないのです。高齢者介護や障害者支援の現場の特殊性という理由だけで、報酬の考え方や仕組みが他と異なるのでしょうか。高齢者や障害者の状態によって提供されるサービス量が見積れると期待できるのでしょうか。勿論、「このような特殊なサービスを提供する現場ならではの考え方が必要」という理解の仕方が必要かもしれません。社会福祉の充実のためには、提供事業者による提供サービス量を確保するためにも必要という判断があったのでしょう。しかし、あえてこの点を見直してはどうでしょうか。

スタッフの人数や設備の内容は基準が定められていますが、サービスの提供側の能力と質が問われないなか、たとえそれを支援の必要度と読み替えたとしてもお客様の状態によって、報酬が決定するというのは、一つのビジネスモデルに過ぎないのです。従事者の人数さえ揃えておけば、サービスそのものの質にこだわらずに報酬が保証されることは、サービス提供事業者にとってはとても安心できるモデルともいえますが、最低報酬が保証されたとしても、投入した努力に応じた報酬を獲得する道を失うことになります。

問われるべきは、要介護度や障害程度ではなく、サービス提供体制やサービスの質、サービス改善力、スタッフの能力ではないでしょうか。これらが報酬とリンクすることによって、サービス提供事業者の能力アップが期待されるのです。モチベーションが高まるからです。そして、このサービス提供事業者の能力をどのように判定するかというときには結果だけではなく、その過程にも着目しなければならないでしょうし、そのための議論をサービスの受け手である高齢者や障害者やその家族を交えて深めなければなりません。旅行会社も手数料収入から相談料収入へとビジネスモデルの構造をシフトしつつあるようです。従来の旅行会社は、例えば航空会社の販売する航空券の購入手続きなどの代行を業務としていました。それが単に代行するだけではなく、お客様に何らかの情報や、旅先での過ごし方などを教えることへ業務内容が少しずつシフトし始めています。世界的な燃料費高騰で航空会社からのコミッションがカットされるなか、業務がコンサルティングへシフトしていることが見て取れるのです。

このような状況を福祉の世界に当てはめてみると、介護報酬・給付費収入がコミッションと置き換えられます。この収入がカットされるなか、コンサルティングへシフトするということは、相談支援事業でお客様がお金を支払ってでも教えてもらいたいことを商品化するということや、既存の事業形態にとらわれず、高齢者や障害者にとってのライフスタイル充実の提案をしていくことが、今後は特に注目を集める業務になるということです。このようにして、お客様への提案力をアップしていくことが鍵であり、そのことを自らに課していかなければならないのです。

9

奇跡のリンゴが教えてくれるもの

青森県弘前市にあるリンゴ栽培農家の木村秋則氏の著書『奇跡を起こす 見えないものを見る力』（扶桑社、二〇一一年）を読んで、改めてノンフィクションライター石川拓治氏の著書『奇跡のリンゴ』（幻冬舎、二〇〇八年）を読み返しました。

木村秋則氏は、リンゴ農家です。農薬散布で奥さんの具合が悪くなることをきっかけに、農薬を全く使わないリンゴ栽培を目指し、一九七八（昭和五三）年（木村さん二九歳）の頃から無農薬無肥料の自然栽培を始めました。

一年目。夏には葉が落ち、秋には花が狂い咲きし、翌年の収穫が全く見込めない状況になりました。二年目は、リンゴの病気の原因であるカビ・菌などを防ぐものを見つけようと、にんにくやわさびなどの散布の実験を進めますが虫害が止まりません。三年たっても四年たってもリンゴの木の状況はますます悪化します。リンゴ以外の水稲や野菜、なしやプラムの果樹は無農薬栽培でも収穫を得ることができました。水稲栽培では、代《しろ》かきを緻密にせず土をゴロゴロの状態にしたほうがかえって収量が上がることや、タイヤチェーンを畝間《うねま》に引き回すことで除草ができることに気づき、一反当たり九俵と全国平均以上の収穫を上げることもできました。しかし、リンゴだけは病害虫を防げず毎日虫取りが続きます。五年目には、近所から「かまど消し」と蔑視され相手にされなくなり、家族の生活は困窮を極めました。虫取りは毎日、畑の除草も毎月徹底し、リンゴ畑をきれいに保ちますが病虫害が止まらない。家族を巻き込むことを悩んだ木村さんが「もう諦めたほうがいいかな」と漏らすと、娘さんは「何のために、こんな貧乏しているの」と食ってかかったそうで、木村さんの夢は家族の夢になっていました。世はバブル経済に浮かれている頃でした。

六年目の一九八五（昭和六〇）年、（木村さん三六歳）の夏、万策尽きて、八〇〇本のリンゴの木に「実をつけなくていいから枯れないで」とお願いし続けました。やれることはすべてやった。木村さんは七月三一日の月明かりの夜、死に場所を求めて岩木山に登りました。二時間半ほど登った山の中で、首を吊るには具合のいい木にロープを掛けようと投げたのですが、あらぬ方向に飛んでいったのです。そして、月の光りの下に輝く「リンゴの木」を一本見つけたのです。葉はみっしりと茂り、枝も伸びている。農薬も肥料も何もないのに自然の中で、リンゴの木が元気に成長しているのです。木の周囲には背丈ほどまでの雑草が生い茂り、根元の土は、手でどこまでも掘り返せるほどふかふかに軟らかいのです。この木は、リンゴではなくドングリの木でしたが、この自然の山の土を再現すれば、リンゴが実るのではないかと気づきました。今まで土の上の目に見える樹や葉のことしか見ていなかった。岩木山山中のドングリの木もリンゴ畑も、太陽の光と空気は一緒、土だけが違う。大事なのは土や土の中の根だと気づいたのです。目に見えない部分も含めて、自然の中に孤立している命はない。本来の植物には自分の身を守る力がある。その「自然」を取り戻せばいい。長年追求し続けてきた答えを岩木山中で見つけたのです。翌日、投げたままになっていたロープを目印にドングリの木の根元のふかふかの土を持ち帰り、以後、自然の山の環境をリンゴ畑で再現することに邁進しました。

七年目には、半分が枯れ、四〇〇本になっていたリンゴの木の枝が一〇センチ伸び、花が七つだけ咲きました。雑草は敵ではない、リンゴの木のためと思い、刈っていたからダメだった、何もやることがないと思っていたのは実は何も見ていなかった、目に見えない部分に目が向いていなかったのです。八年目には、畑一面に白い花が咲きました。木村さんも奥さんも、涙があふれて止まりませんでした。それでも、この年の収穫はピンポン球のようなリンゴで、ジュース用に出荷できただけでした。

それからは、リンゴの実を大きくする取組みや、自然栽培したリンゴを販売する取組みが続くのです。木村さんが想像も絶する苦労と、死の覚悟の中で手にしたものは「自然」、全ての動植物のつながりの意味だったのです。リンゴは自分の力で病気に勝ち、自分の力で実をつけます。木村さんはその手助けをするだけと言います。何かを自分の力と自分の創意工夫で手に入れた、と思い込むのは人間の傲慢《ごうまん》なのではないでしょうか。

岩木山山中のふかふかの土が「自然」の象徴です。社会や施設（組織）や家族をふかふかの土にする必要があります。自然の中に孤立しているものはなく、一人で生きている人はいない。このつながりの正体に目を向けて感謝していくことが、ふかふかにする行動の中身になります。目に見える人の言動に執着してしまうことは、木村さんが目に見える樹や葉のことしか見ていなかったことに相当するならば、高齢者介護や障害者支援、保育の現場において、お客様の根や土を見る、また根や土を含めた「自然」の中でお客様を見るとはどういうことなのかを追求し続ける必要があります。施設ではリンゴ栽培はしませんが、自然栽培を高齢者介護、障害者支援、保育に置き換えたらどうなるかを考えてみる必要があります。木村さんが水稲栽培で、代かきを緻密にせず土をゴロゴロの状態にしたほうがかえって収量が上がることに気づきましたが、空気が入らないほどの緻密さは生長にとってはあまりよくないようです。外部の目や人が入らない閉鎖性の中では、組織や人は育ちにくいことを教えてくれます。

自然には、特有の時間の流れがあります。リンゴ栽培はどんなに効率良くしても、一年に二度三度の収穫というわけにはいきません。人の心も組織も自然と同じならば、生長（成長）に必要な時間というものがあります。結果がすぐに出ないことを当然として受け入れなければなりません。種を蒔《ま》いてもすぐに芽は出ません。施設・事業所での支援の成果をすぐに手に入れたいと思い込むことは、自然に反するようです。蒔いたその時に刈り取ろうとするような支援、成果をその場で得ようとする支援は、スタッフの燃え尽きやお客様への虐待を生み出す原因になるのです。他方、数か月後、一年後、数年後に芽が出ることを求めて今、種を蒔くことも必要です。

日本近代実業の父、渋沢栄一は「『名を成すは常に窮苦の日にあり、事を敗るは多く得意の時に因す』と古人も言っておる」（梶山彬編・渋沢栄一著『論語と算盤』国書刊行会、一九八五年：二九ページ）と述べており、それを渡部昇一氏は「成功の種は苦難のときにまかれ、失敗の種は得意のときにまかれる」（渡部昇一『渋沢栄一『論語と算盤』が教える人生繁栄の道』致知出版社、二〇〇九年：七三ページ）と説明しています。将来に備えて準備を怠らないことや、小事をつまらないことと決めつけない心構えの大切さを説いているのです。

今の業務の中にある「種蒔き」とは何か、またその種は何の種か、を考え続けることが本当に大切なことなのです。

第4章

地元中小企業（地域企業）との連携への針路

本章では、施設・事業所が活動する地域において、施設長が常に視野に入れるべき対象について考えていきます。介護・支援・保育の本業において、自らが経営する施設・事業所のお客様である高齢者・障害者・子どもとその家族に注目し続けることが大切だと思い込みがちです。

しかし、ここで近江商人の「商売十訓」にある「商売は世のため、人のための奉仕にして、利益はその当然の報酬なり」を思い起こしてください。「売り手よし、買い手よし、世間よし」の三方よしの理念としてよく知られている言葉です。取引きの当事者だけでなく、周囲の人々にとってもありがたい商売を追求していた近江商人から学ぶべきことは、お客様だけでなく地域住民全体の幸福を念頭に置かなければならないということです。地域住民全体を福祉事業の対象としてこそ、本来のお客様への介護・支援・保育の成果が得られるという真理です。「世間よし」の福祉サービスを求めて舵をきらなければならないのです。

近江商人「商売十訓」

1　商売は世のため、人のための奉仕にして、利益はその当然の報酬なり
2　店の大小よりも場所の良否、場所の良否よりも品の如何
3　売る前のお世辞より売った後の奉仕、これこそ永遠の客をつくる
4　資金の少なきを憂うなかれ、信用の足らざるを憂うべし
5　無理に売るな、客の好むものも売るな、客のためになるものを売れ

6　良きものを売るは善なり、良き品を広告して多く売ることはさらに善なり
7　紙一枚でも景品は客を喜ばせる、つけてあげるもののないとき笑顔を景品にせよ
8　正札を守れ、値引きは却って気持ちを悪くするくらいが落ちだ
9　今日の損益を常に考えよ、今日の損益を明らかにしないでは、寝につかぬ習慣にせよ
10　商売には好況、不況はない、いずれにしても儲けねばならぬ

1 他業種との連携のスタート地点

早稲田大学ビジネススクールの内田和成教授の著書『異業種競争戦略』（日本経済新聞出版社、二〇〇九年）は、福祉業界にあって今後の針路を考えていくときに、他業界とどのように連携を図るべきかのヒントを見つけられる本です。業界内の競争の時代から、異なる事業構造をもつ企業間で同じ顧客や市場を奪い合う競争の時代への変化が到来し、「異業種格闘技の本質は、ビジネスモデルとビジネスモデルとの激しいぶつかり合い」（前掲書：四三ページ）と説明しています。福祉業界のもつビジネスモデルと、他の業界から福祉業界へ参入する企業のビジネスモデルは、施設・

事業所というリングの上でまさに格闘しているかのようです。「異業種格闘技では、予期せぬ相手が全く新しいルールで戦いを仕掛けてくるので、『業界』という狭い範囲ではなくもっと広い範囲で、しかも顧客起点でとらえておくこと」（前掲書：九一ページ）が重要であると指摘し、それに対する戦略とその戦略を遂行するリーダーの役割についての提言は、将来に感じる不透明さを払拭するヒントを示しています。

高齢者や障害者に対する介護や支援は「人」に対する行為ですが、他の業界にあっても同じように心を込めて提供されています。「人に対して強い畏敬《いけい》の念と人の尊厳を特に大切にしている」という誇りは、福祉の業界だけのものと思い込むのは間違いです。また、「福祉業界以外は金儲けを追求する人々」と考えるのも間違いです。人間の日々の行為は全て人を幸せにするために行われているのであって、一部には悪事に手を染める人がいるでしょうし、現在の政治経済の仕組みは人々の中に不公平な格差をもたらすこともあるでしょうが「良くなろう、良くしよう」と願って行動していても、それに手が届かないことはいくらでもあるわけで、そのことをもって「良くなる気がない人々」というくくりでの評価は厳に慎むべきです。

福祉業界が、将来を担う人財育成や制度改革を考えていくときに、自分たちだけが高次な営みをしているという思い込みは棄てなければなりません。自分たち以上に「人を大切にしている」業界・企業はどこにあるのか、そしてそこからどのように学んでいくのか、という姿勢をもつことが「企業連携」のスタートです。一人で「悲劇のヒーロー、ヒロイン」になってはなりません。人に対する尊厳を大切にすることで「誇り」を持つことは、福祉業界であるなしに関わらず全ての業界の人に与えられた権利です。

対等とは、自分が相手より下である、相手に教わる立場である、相手に譲る立場である、と考えかつ行動する人同士の間柄のことです。もし「相手は自分より下だ」という意識を少しでももつならば、相手は「あなたが自分を対等に遇していてくれる」とは決して感じません。つまり、「見下している」と見抜くのです。福祉業界にいる人で他業界の人々を「利益追求主義だ」と見下す人は間違いなく「高齢者や障害者」をも見下しています。政治家や金融業界の人々を口汚くののしるその口から、高齢者や障害者やその家族の心に染み入る愛情こもった言葉が出るはずありません。形だけ取り繕《つくろ》っても届きません。どんな人に対しても常に心優しい人間、人のもつ「良くなりたくても良くなれない」「良くしたくても良くできない」という苦しみに心を寄せる人間でありたいものです。

前掲書のタイトルは『異業種競争戦略』となっていますが、競争と協力は、実は同じことを別象限から見ることという観点で読むと、福祉業界と他業界の連携の道筋が見えてくるのです。

2

中小企業としてできること

「中小企業」と聞いて、自分たちのことを指し示している、と実感できるでしょうか？　私たち福祉施設・事業所はほんの一部を例外として、その規模は中小企業（サービス業で従業員一〇〇人以下）です。

中小企業の倒産は現在毎月一〇〇〇件を超えています。自主廃業を含めればもっとその数は増えるでしょう。特に製造業では、一九九〇年代のバブル景気崩壊を耐え抜いてきた筋金入りの企業までもが消滅を始めています。大企業の製品はその全ての製造を自社が担っているのではなく、中小企業が分担しています。日本製品の国際競争力は、中小企業の力によって支えられています。中小企業の製造力・生産技術こそが日本の伝統そのものなのです。

中小企業が倒産に直面したとき、その経営者の中には自殺を考える人がいます。家族や従業員、その家族の生活のことを考えたら、そのストレスたるや並の情況ではないのでしょう。自分の財産のみならず親類縁者の財産まで投入して丸裸同然になって、それでも持ちこたえることができずに倒産するケースがあるのです。私たち福祉施設・事業所は経営環境が厳しいとはいえ、そこまで及んでいるでしょうか。製造業の経営者の資質に責任があるのでしょうか。製造業と福祉業にどのような違いがあるにせよ、そこに働く人々に差があるのでしょうか。

私たちには、地元の中小企業を救うために今すぐできることは何かを考えて行動する必要があります。もし、自分の施設・事業所の経営が精一杯で、他人のことなど考えたり行動したりする暇がないと考えているとすれば、「自分のケース記録の整理作業で手一杯で、高齢者、障害者の対応をしている暇がない」と言うことと同じになりはしませんか。

地元の中小企業と連携するためには、情報共有化が第一歩です。地元中小企業が得ている情報や置かれている環境を知るために、商工会議所や中小企業家同友会などへの加入や、勉強会参加を是非検討してください。福祉施設・事業所で商品製造・小売をしているならば、共同での事業化やお互い助け合う道が見えてくるはずです。私たちが地元の中小企業を救うという視点をもたなければ、地元の中小企業は、私たち福祉施設・事業所が仲間だという意識や、障害者を雇用しようという意識は持ってくれないはずです。高齢者や障害者のためを社会的使命として取り組む中小企業を私たちは「関係者」として多く見知っているはずです。私たちは、このような地元中小企業の使命感に意気を感じ、それを施設・事業所の経営に反映させていかなければならないのです。

もちろん、民間営利企業と社会福祉法人やＮＰＯ法人とは、あくまで別の役割を果たすものではないかという疑問が生まれるかもしれません。資本主義国である米国のジェームズ・コリンズ（ジム・コリンズ）は、「企業セクターでは、金銭はインプット（偉大な実績を達成するための資源）

であるとともに、アウトプット（偉大さをはかる指標）でもある。社会セクターでは、金銭はインプットであるだけで、偉大さをはかる指標にはならない」（ジェームズ・C．コリンズ『ビジョナリー・カンパニー〔特別編〕』（原題：Good to great and the social sectors）日経ＢＰ社、二〇〇六年：一八～一九ページ）、「社会セクターの組織にとって決定的な問題は『どれだけの利益を上げるのか』ではなく、『どのようにして持続性のある資源の原動力を開発し、組織の使命という観点で優れた実績をあげられるようにするか』である」（前掲書：五〇ページ）と述べています。確かに、企業は「お金や資本」という指標でその業績を測定することができますが、社会セクターは人に関わる「情熱や貢献的態度や支援者からの評価」によってその業績や成果が測定されるのでしょう。

しかし、金銭という「ものさし」を手にしているからこそ、企業セクターと社会セクターという対置が生まれるのです。このあとの「5　志と道徳で事業を推進する」で、渋沢栄一の道徳経済合一説（梶山彬編・渋沢栄一著『論語と算盤』国書刊行会、一九八五年）を紹介しますが、社会セクターは企業セクターとは別の歩むべき道がある、と簡単に結論づけてはならないのです。

国の社会保障支出によって運営ができ、事業収益にとらわれずにすむ福祉業界こそが「スタッフの幸せなチームワーク」によって大きな力を発揮して日本の産業全体を牽引《けんいん》する、という気概をもつ必要があるのです。競争力を手にして初めて「競争より協力」を実践することができるのです。非力なまま「協力」することはできません。強くなるのは優しくなるためです。利益を図ることの善悪に捉われるのではなく、手にした利益を自分のため、福祉事業のためにだけすることの善悪に視点を移さなければならないのです。もちろん、「協力」に名を借りた「依存」に陥らないように十分気をつけなければなりません。社会福祉は、国民生活の公平のために「所得の再分配」機能の一環として存在します。大きな努力の末に収益を上げて納税した人たちに対する感謝を忘れて、その再分配をする政府に「もっと寄こせ」と要求するだけならばおかしいことです。「福祉国家」の理念の達成には、福祉業界人のみが貢献するのではなく、国民全体が貢献してこそ実現するのです。

福祉業界が、高齢者、障害者、子どもに限らず国民全体の福祉向上を担うという使命を明確に意識してこそ、福祉国家の実現に貢献しているといえるのです。

3 企業連携へのアプローチ

「企業連携」と聞いて、あなたはどのような企業をイメージするでしょうか。

福祉施設が特に、工賃支払能力向上との関連で企業連携をイメージするときの「企業」とは、自分が知っている範囲の企業に限られてはいないでしょうか。

もしも、「福祉と企業との連携を」という言葉を目や耳にして、「また下請けのことか」とか「CSR（企業の社会的責任）は胡散臭《うさんくさ》い」などという思い込みがあるならば、それはまだ本物の企業や経営者に出会っていないからです。本物に出会っていないにも関わらず、その数少なく貧弱な出会いの体験をもって企業全体の価値を規定してしまうのは、とても残念なことです。残念などころか、企業との連携の道を捨て去ることによって工賃倍増が遠のくならば、この考え方に基づく行動は「障害者虐待」です。高齢者施設や児童施設におけるプログラムを検討するうえでも、フィットネスクラブが開発した水泳教育や外国語スクールが開発した外国語習得教育、公文式プリント学習教育は、企業連携なしには実現しないのです。私自身も、企業との連携を真剣に検討しなかった時期を反省しています。そして、自分が意識していなくても障害者虐待をしてしまう怖さを感じています。

福祉業界内にいるだけでは、本当の企業の力、本物の企業の使命・スピリット（魂）には出会えないのです。ですから、一歩踏み出すことが必要なのです。少なくとも「企業連携」を追求するときには、「福祉との連携」を検討・模索している企業人と出会うことが不可欠です。

企業と福祉、福祉と企業、その期待は人によって大きく異なるので、まずは人との出会いがなければ、触発・発展・革命は起こらないからです。施設・事業所の経営や生産管理・販路拡大のコンサルティングに留まらず、第三者の目で福祉と企業との両方を対等に目にするのが経営コンサルタントの強みですから、その貴重な視点を活用する姿勢もまた施設長には必要です。経営コンサルタントから本物の経営者に関する情報や知見を得ることが、企業連携を手にする有効なアプローチとなります。

4 社会貢献はなぜ必要か

二〇一〇（平成二二）年、消費者金融大手であった㈱武富士が倒産しました。業界一位の会社でしたが、倒産してみれば世間の目は厳しいもので「あれほどあこぎな金利稼ぎをしていたのだから当然」というものでした。二〇一一（平成二三）年一二月になって、創業者の家族に国税約二〇〇〇億円が還付されることが最高裁で確定し、さらに波紋が広がりました。

私が一九八〇年代に高校教員をしていたときに担当した「政治経済」の授業においても、消費者教育をテーマに取り上げていましたので、見過ごすことのできない現象でした。本来金融を生業とする「銀行」に相手にされない消費者が、経済社会で生きていくうえで不可欠ともいえるサービスには一定の存在価値があります。もちろん、違法な金利で稼ぐことや、度を超した取立てをすることは許されない問題です。とはいえ、一部の消費者にとっては、なくてはならないサービスとなっていました。

倒産したこの会社の社員も、業界一位であるからには寝食を忘れて仕事に邁進していたことでしょう。消費者になくてはならないサービス提供にその使命を感じていたでしょう。しかし、大きな社会問題となり、数度の法改正を経て過払い金（利息）返還請求が可能になり、会社の経営そのものが成り立っていかなくなったとき、その社員が受ける社会からの評価は本当に厳しいものでした。銀行から相手にされず生活苦に追い込まれ、しかし消費者金融によって救われた消費者からの援護さえ受けることもできなかったのです。

では、私たち福祉関係者は一体世間からどのような評価を得ているでしょうか。

高齢者・障害者・子どもに不可欠なサービスを提供していることに間違いはありません。確固とした存在意義は誰からも認めてもらえるでしょう。従事しているスタッフにとっても高い誇りを感じられる職場が多く存在します。この分野の先人の業績を見れば、茨《いばら》の道ともいえる事業を遂行し続けた高邁《こうまい》な思想とゆるぎない意志に、誰もが頭を垂れることでしょう。高齢者・障害者・子どもの人権や尊厳を確保するために、わが国の制度改革に一身を投げ打ってきたその姿勢に人間としての信じられないほどの強さや、過去・現在・未来に続く歴史の中につながる強い人間愛を感じることもできます。自分の仕事の受け手である人（消費者）を尊厳ある人間として見てきたかどうかの点において、消費者金融業界の人々とは格段の差があります。

しかし、たとえそうであったとしても、自分の仕事に一意専心で取り組んできた点において変わりはありません。自分の業務にいかに愛情と情熱を込めて働いたとしてもそれだけでは、自分の給料のため、自分の会社の持続性のためと言われてしまうのです。

福祉業界に身を置くと、この業界はスタッフに十分な待遇を保証する経営を持続することがとても厳しいと感じます。これは紛れもない感覚です。しかし、福祉業界以外が安泰かといえばそうではありません。自殺者が年間三万人を前後する日本の社会において、福祉業界の経営者が経営に行き詰まり自殺したというニュースはほとんど聞きません。もしも、この国の財政が破綻して社会保障費支出が滞ったとすれば、福祉業界は事業が成り立っていかなくなる事態が到来するでしょう。そのときに路頭に迷った福祉業界の人々に対して、世間から「高齢者・障害者・子どもを食い物にしてきたのだから当然」という目が向けられないという保障はないのです。むしろ、そのように見られると考えるべきなのです。制度が悪いからという言い訳は決して通用しないでしょう。消費者金融業界でもそのように言い訳をしてきたからです。

今、私たちは、「高齢者・障害者・子どものために」を掲げているだけでは不十分なのです。私たちは、人として、大人として、社会人として果たさなければならない義務は何なのかを問い直さなければなりません。自分の給料のためではないこと、自分の会社の持続性のためではないことにも目を向けなければなりません。本業において、誰にも負けない成果を挙げることを超えたところにあるもの、それを「社会貢献」というならば、社会貢献を自分の本業以外において積み重ねることが必要なのではないでしょうか。

5 志と道徳で事業を推進する

本章の冒頭で近江商人の「商売十訓」を紹介しました。江戸時代の近江国（現在の滋賀県）の商人は、琵琶湖周辺から全国へ行商の範囲を拡大していくにあたり、売り手である自分を優先するのではなく、買い手であるお客様はもとより、その取引きが世の中の人々から喜ばれることを大切な行動指針としました。それが「売り手よし、買い手よし、世間よし」の「三方よし」の理念として知られているものです。江戸幕府の正学とされた朱子学による商業蔑視（農業重視）の思想により、身分制度でも商人は下級に位置づけられていましたが、その身を処する考え方は武士道に匹敵するものでした。武士道とは、「君に忠、親に孝、己に克ち、人に仁慈を以てし、敵には憐みをかけ、公正を尊び、富貴よりも名誉を尊ぶ」ものです。また、新渡戸稲造が「武士道は日本の活動精神、推進力であったし、また現に今もそうである」（新渡戸稲造『武士道』三笠書房、一九九七年：一六〇ページ）と述べているように「大和魂」にも象徴される日本人共通の心です。

「士魂商才」とは、商人の才能を発揮にするにあたり、武士の魂、すなわち日本人の心をもっということです。渋沢栄一は、「士魂商才」を次のように説明しています。

「人間の世の中に立つには武士的精神の必要であることは無論であるが、しかし武士的精神のみに偏して商才というものがなければ、経済の上からも自滅を招くようになる、ゆえに士魂にして商才がなければならぬ、その士魂を養うには（中略）論語は最も士魂養成の根底となるものと思う、それならば商才はどうかというに、商才も論語において充分養える（中略）商才というものも、もともと道徳を以て根底としたものであって、道徳と離れた不道徳、欺瞞《ぎまん》、浮華、軽佻《けいちょう》の商才は（中略）決して真の商才ではない、ゆえに商才は道徳と離るべからざるものとすれば、道徳の書たる論語によって養えるわけである」（梶山彬編・渋沢栄一著『論語と算盤』国書刊行会、一九八五年：三ページ）。

「官尊民卑」の風潮を打破すべく官僚の道から実業界（経済界）に身を移し、明治維新後から昭和初頭まで近代日本の主たる企業創設はもとより、教育事業・福祉事業までをも牽引した渋沢栄一は、帝国主義の世界の中で日本を強く豊かにするためには経済的繁栄が不可欠ですが、そのためにも道徳と経済の合一を説き、実践したのです。

ここで、福祉業界に身を置くあなたに、渋沢栄一の言葉にある「武士的精神」を「福祉の心」に置き換えて考えていただきたいのです。

「人間の世の中に立つには『福祉の心』の必要であることは無論であるが、しかし『福祉の心』のみに偏して商才というものがなければ、経済の上からも自滅を招く」。

商才は「売り手よし、買い手よし、世間よし」に示されますから、特にこの中の「世間よし」を信条として事業を行わなければならないのです。「福祉の三方よし」や「授産事業の三方よし」を実践しなければならないのです。「世間よし」とは、世の中の誰もが買い手となり得ることを前提とすることです。閉ざされた施設・事業所の中でしか見えないものは「世間よし」とはいえません。地元中小企業を含めて、利用者以外の全ての人々をもお客様という見方で福祉事業を実践するときに初めて「世間よし」となるのです。

第5章

障害者の就職支援の針路

1

就職支援とは、成長・変化の可能性を信じること

障害者の就職支援現場においては、変化の可能性を信じることが大切であることは言うまでもありません。まずは、働く人の成長・変化の可能性を信じることです。

第1章「7 スタッフに学びの姿勢を伝えるために」で「街で中学生や高校生を見て、数年後に彼らが就職して働いている姿をあなたは想像できるでしょうか」「障害者がどこにどのように就職するかは、施設で暮らしている姿からは類推できないのです。また、施設で暮らす姿を見て、就職できるかできないかを判断することもまた不可能です」と書きましたが、高齢者施設の入居者である人々が、若いときにどのような仕事をして世の中に貢献してきたか、家族とどのように暮らし、どれほどの幸せを届けてきたか、という姿や事実も、施設で過ごす姿をいかに観察し続けても想像できないのです。子どもも同様に、施設や学校の中の姿でそのまま大人になるわけはないのですが、目の前の姿で成長・変化の可能性を見限ってしまうことは往々にして起こり得ます。

次に、雇用する企業の成長・変化の可能性を信じることです。企業の中には障害者雇用を、障害者の雇用の促進等に関する法律（障害者雇用促進法）の法定雇用率達成のみを目的とし、社員とし

ての障害者を会社にとってなくてはならない人財として意識していないところが見受けられるのは事実です。障害のある社員を大切にしない姿勢の会社を見ると、就職支援スタッフはとても寂しく感じますし、このような企業に就職できたとしても、それが障害者にとって本当に良いことかと疑問を感じざるを得ないことがあります。

しかし、企業がそのような姿しか見せないのはなぜなのだろうか、とここで考えてほしいのです。このような姿を見せるのは、こちら（自分）が信頼されていないからではないでしょうか。私たちが、買物でショッピングモールやデパートを歩くときに、全ての売り手に自分の購入意志を伝えることはありません。むしろ、買いたい気持ちを悟られないようにします。このとき、売り手の店員が「私は買う気のない客は相手にしない」と言ったらどうなるでしょうか。両者の気持ちは大きくすれ違います。自分の購入の意志を正直に店員に伝えるのは、お店や店員を信頼しているときではないでしょうか。

このことから類推すれば、企業が障害者雇用に対する真摯な態度を見せないのは、その企業にとってこちらが信頼されていないからだ、と考えるべきなのです。それを一方的に意識が低い会社だと切り捨ててしまっては、結果的に障害者の就職の機会を奪うことになります。企業は、こちらの障害者就職支援の姿勢や実績を信頼したときに、大きく変化するという可能性を信じることが大切なのです。この可能性を信じて企業の障害者雇用の支援をし続けたときに、「雇用」が実現するのです。

高齢者施設のお客様とその家族が、スタッフに向けて自分の意志や希望を正直に表明するのもこちらを信頼しているときです。子どもの親もそうです。

㈱船井総合研究所の元コンサルタントで、二〇一二（平成二四）年七月から川崎市で就労移行支援事業所「働くしあわせJINEN-DO」の経営を始めた石田和之氏は、「人の可能性を信じるとは、その人の今までの経緯や今の状態を基においた判断をしないことです」「人が変わらないのは、その人に可能性がないのではなく、自分の愛情が足りないのです」といつも言っています。重みのある言葉です。

2 企業の満足とは何か

「企業が売っていると考えているものを、顧客が買っていることは稀である。（中略）顧客は、満足を買っている。しかし、だれも、満足そのものを生産したり供給したりはできない。満足を得るための手段をつくって、引き渡せるにすぎない」（P．F．ドラッカー『［新訳］創造する経営者』（原題 Managing for Results）ダイヤモンド社、一九九五年：一三〇ページ）。

ピーター・ドラッカーは今さら申すまでもなく経営の父と言われ、その経営論は多くの事業経営者の指針となっています。福祉業界でも「運営から経営へ」の変化が求められていますから、ドラッカー経営論を勉強している方も多いことでしょう。

前記の言葉は、もちろん一般の経営者に向けて語られた言葉ではありますが、障害者の就職支援をする現場においても大切な指針に気づかせてくれる言葉です。そのためには「企業」という言葉を「就労支援事業所」と読み替えて「顧客」を「障害者を雇用する企業」と読み替える必要があります。

すると次のようになります。

「就労支援事業所が売っていると考えているものを、障害者を雇用する企業が買っていることは稀である。障害者を雇用する企業は（就職を目指す障害者を買う（雇用する）のではなく）、満足を買っている。しかし、だれも、満足そのものを生産したり供給したりはできない。（就労支援事業所は）満足を得るための手段をつくって、引き渡せるに過ぎない」

就労支援事業所は、障害のある労働者が労働力を発揮して企業の活動（生産活動）に貢献させること、さらには、企業活動に従事することよってその先のお客様の幸せに貢献させることが目的であり、そのための手段として、「採用・雇用」があることを明確に意識しなければならないのです。企業の目的は「雇用」ではありません。「雇用」は目的達成のための手段です。にも関わらず、私たちが障害者の雇用を目的としているならば、企業の満足には届かないことを知るべきなのです。

ドラッカーはこのようにも言っています。「市場の現実から言えることは、一つだけである。すなわち、事業にとって最も重要なことは、消費者の現実の世界、すなわちメーカーやその製品がかろうじて存在を許されるにすぎない外部の現実の世界を知ることだ」（前掲書：一四一ページ）。この言葉もまた、障害者就労支援の福祉現場で理解するには「消費者」という言葉を「障害者を雇用する企業」と読み替えることで自分の課題としなければなりません。

「ドラッカーは、民間営利企業にとっての金儲けの指導者だ」くらいにしか考えていない福祉施設の経営者の下では、就職支援の成果は上がりません。就職支援に限らず福祉業界の改革のためには、民間営利企業が血の汗を流しながら勉強していること、実践していることを、素直に真似て学びきる姿勢が必要なのです。

障害者支援の現場における顧客とは、「障害者とその家族」という思込みに留まったままでは不十分であることを、岩倉信弥教授と同様、ドラッカーもまた教えてくれているのです。

3 企業の創業理念を熟知し、伝えること

私が勤務する法人が経営する障害者支援施設「就職するなら明朗塾」、障害福祉サービス事業所「就職するなら明朗アカデミー」、障害者就業・生活支援センター「就職するなら明朗塾」はその名

が示すとおり、障害者の就職支援を使命として、全スタッフが常に自分にできることは何かを考えながら取り組んでいます。私自身、二〇一〇（平成二二）年秋までは、就職をして所得を増やすことで人生の選択肢が増えて幸せになれる、と信じていました。しかし、どうやらそれは間違っていたようです。

成功する人に共通することは、「誰よりも他の人の幸せのために尽くす行動をしている」ということです。一方で成功したい人、つまり、今はあまりうまくいっていない人に共通することは、「自分の幸せのために一生懸命行動している」ということです。自分の幸せだけを考えて頑張っても幸せにはなれない、というのが真実のようです。

松下幸之助氏は、電球磨きをする工場の従業員に、あなたの本当の仕事は電球を磨くことではなくて、電球の下の家族の団らんを作ること、電球の明かりの下で勉強する子どもの未来を創ることだ、と説いたそうです。

小阪裕司氏が紹介する布団《ふとん》屋さんは、お店に枕を買いにきたお客様に「あなたは枕を買いにきたのではありません」と言い、驚くお客様に「お客様は熟睡と安眠と爽やかな目覚めをお買いにきたのです」と続けるそうです。

就職支援スタッフが、就職したいと希望する障害者に、この会社の仕事は「電球を磨くこと」「枕を売ること」と説明するのと、仕事の先にいるお客様（自分が幸せを届けるべき人々）の姿を含めて「家族の団らんを提供すること」「子どもの未来を創ること」「熟睡と安眠と爽やかな目覚めをお届けすること」と説明するのとでは大きな差があります。

スタッフがこのような説明をするためには、創業者がどのような理念をもっているか、企業がどのような使命感をもって事業をしているのか、どのような地域貢献・社会貢献をしているのかを熟知したうえで、その会社を大好きになって、その会社の経営者をはじめとする社員全体を尊敬しなければならないのです。そうすれば、その会社の仕事の先にいるお客様の喜びの顔が見えるので、企業と同じ思いで仕事の喜びを説明できるのです。そこに気づかないと、「大変な仕事だから我慢して続けなさい」としか言えないのです。ですから、就職が永続きしないのです。前記の「障害者の就職支援を使命として、全スタッフが常に自分にできることは何かを考えながら取り組んでいます」の中身はこのことなのです。このことを確実に認識したうえで、実践すれば就職支援の実績が生まれます。

4

他人のジャッジは自分のジャッジ

他人の欠点、例えば、職場の同僚や上司、後輩がどうしようもないと感じてしまうことや障害者が全く就職に向かないと感じてしまうことなどは、そのように自分がジャッジしているだけです。

人は誰でもそのままの自分を認めてもらいたいと願っています。とはいえ、他人を願いどおりにそのまま認めることはできるものでしょうか。

たとえ自分が認められなくても、少なくともその人をそのまま認める誰かがいる、ということは認めることができるのではないでしょうか。例えば、目の前に一人の障害者がいるとして、自分はどうしても就職の可能性を認めることはできない、現状からの変化の可能性を信じることはできない、としても、誰か別の人がそれを信じるならばその人は就職できます。障害者雇用の実態とはそういうものです。目の前にいる障害者の就職の可否の判断を支援者はしてはならないのです。支援者は就職の可能性を信じられなくても構いません。その代わりに信じられる人を探してください。他の人も、自分と同じようにジャッジすると決め込まないでください。実は障害者就職支援とは、支援者が障害者の可能性を引き出すのではなく、障害者の「これからの大いなる変化の可能性」を信じる会社の経営者に出会わせるということです。

成長・変化の可能性は支援者が引き出すのではなく、雇用した会社の人が引き出すのです。信じているから諦めない。よって結果的に必ず引き出せるということになります。ですから、就職した人はその会社で永く働くことができるようになります。ところが、支援者が引き出すのだと思い込むと、就職前はもちろんのこと、就職後もキャリアアップの責任が自分にあると思い込んでしまいます。その結果、雇用の継続のための支援で手一杯になり、新たな就職支援ができない、とまた思い込むようになります。いわゆる定着支援で手一杯になる、という壁は、支援者の思い込みに過ぎません。そのような壁は初めからどこにもないのです。

就職は結婚と同じようなものです。親であってもいつまで二人の面倒を見続けることはできません。二人の前途が心配だからと心配し続けている親がいたら、あなたはどのように考えるでしょうか。信じ合い、助け合うべきは当人同士です。就職も同じです。要らぬ心配をしてはなりません。

そして、重要なポイントは、「他人をジャッジすることは実は自分自身をジャッジすること」なのです。就職は無理だと他人をジャッジすることは、すなわち自分には就職支援が無理だ、というジャッジを下していることなのです。

他人の就職の可能性、成長・変化の可能性を信じるということは、すなわち支援者としての自分自身の成長・変化の可能性を信じるということなのです。自分は、障害者就職支援のエキスパートになる、就職支援のプロ中のプロになる、という可能性を信じることと全く同じことであることに早く気づかなくてはなりません。

5 アクティブ・サポートと接触回数アップ

障害者雇用支援、障害者就職支援の最前線に立つスタッフ・ジョブコーチの重要な役割の一つは

「障害者雇用企業とパートナーになること」です。スタッフ・ジョブコーチは、障害者支援に取り組むのは当然ですが、あまりにそのことだけに目がいってしまうと、障害者雇用企業とパートナーを組む、という発想を忘れてしまいます。スタッフと企業関係者との信頼関係がベースにあって初めて「障害者雇用」が成り立つのです。信頼関係とは、お互いに相手のメリットを第一に考え続ける関係のことです。このような関係を作り上げていくために、接触回数を増やすこととか、即時対応することとか、いくつか思いつくでしょう。相手の求めに応じてすぐに対応することや、面会回数を増やして親近感を高めていくことは、お互いを尊重し合う信頼関係をつくるために不可欠なことです。

さて、即時対応の難しさを感じている人も多いことでしょう。慢性的な人手不足の中、企業の求めや障害者の求めに応じてすぐに対応することは不可能に感じることがあるのは事実です。この状態を打開するには、「アクティブ・サポート」(能動的・自律的な関わり。こちらから始める支援)の体制を作り上げことが大切です。「求めに応じる」状態から脱皮しなければ、いつまでも振り回されることになります。サポートを自らコントロールすることで、時間管理の主体性を取り戻さなくてはなりません。

人手が不足しているのなら、その中で可能な支援をこちらから提供していく、言い換えれば、こちらの支援体制を先方に伝えていくことで、事実上の即時対応体制を作り上げるのです。

次に面会等の接触回数を引き上げることですが、これには「ザイアンスの法則」を活用します。この法則は、アメリカの心理学者であったロバート・ザイアンスが、一九六八年に人間心理に関する実験から次を導き出し発表しました。

1　人は知らない人には、攻撃的、批判的、冷淡に対応する。
2　人は会えば会うほど好意を持つ。
3　人は相手の人間的側面を知ったときに好意を持つ。

というものです。企業関係者との最初の面会のときに、冷たくあしらわれてしまうと「なんて障害者に対して理解がないんだ」と相手を批判することで自らの行動を擁護してしまうものです。ところが、この法則を理解していれば、どのようにして企業関係者と好意的な関係を作り上げていけばよいかと考えることができます。

人は誰でも自分の知らない人と出会うことは、大きなストレスです。このストレスに打ち勝って、企業の新規開拓をすることは「気合い」だけでは続きません。まず、人に会うこと、特に見ず知らずの人と最初に会うことは「強いストレス」の原因であると認識しましょう。強いストレスであるから、例えば施設長が、障害者雇用企業の新規開拓のために飛込み営業をするように、現場のスタッフやジョブコーチに要請しても、自発的に行動するモチベーションを維持することは容易ではありません。

「直接会うこと」が高いハードルであるならば、直接会う前に、電話を掛けることができれば、そして面会のアポイントメントを取り付けることができれば、飛込みで企業の門をたたくよりはるかに企業訪問のストレスを軽減することはできます。

だから、電話を掛ければよいのです。しかし、直接会うことを容易にするために、電話を掛けて約束を取り付けることがポイントであることは分かっても、今度はそれがストレスになるので電話を掛けやすくするためにはどうすればよいのか、を考えるのです。

電話を掛けてアポイントメントを取り付けるプロセスを分解してみましょう。

1　電話を掛けて担当者につないでもらう。
2　自己紹介して電話を掛けた理由を説明する。
3　面会の希望を伝えアポイントメントを獲得する。

この分解したそれぞれのプロセスを容易に越える方法を考えます。

まず、1「電話を掛けて担当者につないでもらう。」については、担当者をどのようにして見つけるかです。電話を掛けたときに目指す相手の氏名を知っていればすぐに取次をお願いできますが、知らない場合には、こちらの用件を伝えて、どなたが担当者になるのかを相手に判断していただかなければなりません。その判断を相手の仕事の中に割り込んでさせることになるので、うまくつながらないことが生じるのです。ですから、電話を掛ける前にどのようにしたら担当者の名前を知ることができるだろうかと考えます。そのためには、紹介を受けられないか、ハローワークと連携できないか、ホームページで採用担当部門の情報が得られないか、と考えます。「当たって砕けろ」とか「案ずるより産むが易し」ではなく、準備の調査が大切です。

次に、２「自己紹介して電話を掛けた理由を説明する。」については自己紹介をどのようにして簡単に済ませるかを考えます。口頭で初めての相手に分かりやすく伝えるのは高等な技術が必要です。口頭で伝え、相手に「その場で」受け入れてもらうことは困難ですから「事前に資料を手元に届けておく」のです。これがＤＭ（ダイレクトメール）の大切な役割の一つです。事前に郵便物を届けておくことで、その手紙を送ったのは私です、という自己紹介を切り出すのです。また、「電話で読み上げる原稿や要点を整えておく」ことも同様に有効です。自分の言葉で話すことが大切だ、などと言って事前の準備を怠けることは、相手の時間を無駄に奪うことになります。相手を大切に思っていないことになります。だから、相手は「この電話の相手は、こちらのためを思って電話してきたのではなく、自分の都合で電話をかけているのだ。ならば、すぐに切らなければ損する」と感じるのです。

仕上げの３「面会の希望を伝えアポイントを獲得する。」については、アポイントメントをどのように確実に獲得するかを考えます。まずは、候補日を多く用意しておくことです。スケジュール表を手元に置いて、相手との会話の中で調整がすぐにできるようにしておきます。そのときに、意外に行われていないのは面会時間の終わりを明確にすることです。「午後一時の面会」の約束を取り付けるだけでは不十分です。何分間の面会が必要なのかを事前に考えておかなければなりません。当初三〇分の予定が、相手の対応によって六〇分に延長されるならば問題はありませんが、こちらの事前準備が不十分で説明の時間が三〇分から六〇分に伸びてしまうと信頼を失います。アポイントメントは、日付と曜日と開始の時刻と終わりの時刻を決めなければ、相手に対して失礼になることを認識しましょう。「四月三日金曜日の午後二時から午後二時三〇分までお願いします」と明言できないようでは、アポイントメントは取れません。これで、一〇分や三〇分ならば都合はつくが一時間は取れない、という相手の事情にも対応ができます。一回の訪問で全てを済ませようとするのではなく、何度も会うという発想が大切なのです。

そして、その約束を守ることです。約束の時間に遅れて到着しては相手の信頼を失います。相手が不信感を抱けば障害者雇用は遠のきます。電車の遅れや道路の渋滞を遅刻の原因にしてはいけません。あなたが遅刻して相手の信頼を失ったから、お客様は就職できなくなるのです。

このように事前の準備を重ねて、初めての人に会えたとします。では、初めての人に「会う」目的は何でしょうか。人に「会う」目的をザイアンスの法則から見つけてみてください。初めての人に会う目的は、「次に会う理由を見つけてその場でアポイントメントをつくる」ためです。具体的には、次に会うときに何の情報を届ければ、相手は本当に喜んでくれるかを考えることです。「私が欲しかったのはこういう情報だったのだ」と気づいて喜んでくれるものを見つけることなので す。好きな人に喜んでもらえるようなプレゼントを選択する気持ちで、目の前にいる企業の人事担当者に喜んでもらえる情報は何かを面談中に必ず見つけなければなりません。これは相手がはっきりと言ってくれないので、相手の立場に立ってこちらが「主体的に」考えるしかないのです。

そして、「では、次回は〇〇をお届けに上がります、いつがよろしいでしょうか?」とスケジュール帳を開きながら次のアポイントメントを取り付けることが面談の最終シーンにならなければならないのです。

こちらが言いたいことだけ伝えたのでは、このような提案をすることができなくなります。「わたしが伝えたいのはこういうことです！」という主張の面談では、次に続きません。

そして、面会が終了したらお礼の手紙は必ず出しましょう。お礼の手紙は早ければ早いほど良いのですが、なかなか手につかないままに時間がたってしまうことになりがちです。一つのお礼状作成のコツですが「あなたに会えたことを上司や仲間に報告したらとても喜んでもらえた、という報告」「次にお届けする情報の準備を始めました、という報告」などを短文で書くと良いでしょう。

ザイアンスの法則を活用して、とにかく会う回数を増やすことを考えるのです。毎回新しい情報を届けなくても、一度会った後ならば、直接会わなくても「電話」「手紙」でも接触頻度を高めることができるようにもなります。手紙で伝わるのは文字情報だけで、自分をイメージしてもらいにくいので、顔写真は必ず手紙の一角に添えることも大切です。電話ならば声で自分を思い出してもらいやすくなります。自分の声を聞いてもらいたい、という思いに乗せて、前記の「上司への報告」「情報準備の着手の報告」などを一分以内で伝えるのです。勿論、この電話についても原稿の準備は必要です。

以上のような周到な準備を重ねたならば、どのような心持ちになるかといえば、「相手に早く会いたくなる」のです。だから、訪問することや相手に会うことが面倒だとか、辛いと感じるならば「相手に会うための準備が不十分なのだ」と気づきましょう。

このような準備作業と行動を重ねていくことで、訪問先の人事担当者との信頼関係が築きやすくなるのです。信頼し合った者同士の間では障害者雇用が格段と進みやすくなります。以上のことは、スタッフやジョブコーチの役割の中でも特に重要かつ主要な部分です。

6 「就労意欲の喚起」とは働く喜びを手にしたくなること

「就労意欲の喚起」という言葉はよく聞きます。私が勤務する法人が経営する三ヵ所の事業所を合わせると、就労移行支援事業の定員が六三名、就労継続支援事業B型が五〇名ですから、個別支援計画書の中には特によく見かける言葉です。しかし、就労意欲を喚起するという支援目標の設定は本当に有効でしょうか。

現に就職している人が、退職させられることなく働き続けたいと願うときや、就職していた人が何らかの理由で退職せざるを得ない事情になり、失業し、再び就職したいと願うときは、自分が就職している（またはしていた）状況を実感できますから、その状態の維持または再獲得に向けての「意欲の喚起」は比較的容易にできるかもしれません。人が生活していくうえで最低限必要となる経済的資産を獲得するための手段として就職は、誰にも安定と安心をもたらします。ですから、この就職している状態を体験していない人にも、知らず知らずのうちに自分自身が感じている気持ちを投影させて、「働きたいという気持ちを早く持てばいいのに……」と思い込んでしまうのです。

しかし、今までに就職したことのない人にとって「就労意欲を喚起する」ことはイメージしにくいことです。将来の自分の姿をありありとイメージすることを苦手とする人にとっては、なおさら困難です。安易に「就労意欲の喚起」という支援目標と立てると、その実現のための具体的な支援方法が見つけられなくなります。

あなたが、英会話や水泳、ヨガ、家庭菜園、森林浴、ギター演奏とか、何でもよいのですが、今までに全く興味がなく、自分の趣味としたいと思わないことを一つ掲げてみてください。そしてその道のプロに「修得意欲の喚起」を目標に掲げられたことを考えてみてください。

あなたが就職支援サービスをしようとするお客様が、これと同じような気持ちだとしたらどうしますか。自分の価値観を押しつけずに「個別支援計画書」を作成するには、十分な注意が必要なのです。一度も働いたことのない人に仕事の喜び、仕事を通じて人から感謝されることの喜び、自分の給料で家族や仲間にプレゼントして喜ばれる幸福感、このようなことを「あなた自身の体験」と合わせて伝えていくにはどうするかという視点で、一人ひとりに適した伝え方を見つける工夫を追求することが、「就労意欲の喚起」の具体的な中身なのです。

この観点からの支援を忘れると、就労意欲の喚起は、失業状態からの脱出を迫ることに終始することとなります。

7 働くとは社会貢献のことである

人は支援されることや周囲から何かを与えられることだけでは自己充足感は得られず、むしろ他人の幸せのために尽くす行動を通じてこそ幸福感を得ることができます。人が就職することで幸せな人生を手にすることができるのは、単に経済的に豊かになるからではなく、就職を通じて利他の行動に主体的に取り組む生き方を得るからです。

就職支援には、利他の行動を積極的に引き出す活動が含まれていなければなりません。就労移行支援事業では、作業スキルの獲得を企業就職の必要条件とはせず、むしろ「働きたいという強い気持ち」と礼儀正しいビジネスマナーとに含まれる「よい人間性」を重視すべきです。働きたいという気持ちは、良い人間性の習得にどれだけ懸命に挑戦しているかの尺度で判定しなければならないのです。社会貢献活動は「良い人間性獲得のための修行」と言い換えることができるでしょう。就職を目指す障害者にとって良い人間性を身につける行動の習慣化が必要です。就職とは「与えること」であるからです。

次に、就労継続支援事業においても、単に高い工賃を手にすることを主たる目的とせず、就労継続支援事業B型の場合、月額三〇〇〇円以上の工賃支払いは事業所の義務ですが、施設内外での作業を社会貢献活動を軸にした作業に組み立て直して感謝することや与えることを主目的とするべきではないでしょうか。

施設・事業所で生産された食品・農産物・工芸品など商品そのものや、その収益の一部を地域の在宅高齢者、福祉施設、小中学校、幼稚園、保育園、民間企業、被災地や避難所の要援護者などに無償提供することも必要でしょう。

また、地域の学校や企業と協力して難病患者支援に寄付をしてもよいでしょう。森の長城プロジェクト（※）に協力してもよいでしょう。

このように、就労継続支援事業のお客様が自分たちの生産した商品などを地域の様々な協力者と連れ立って「ありがとう」とともに直接届けるのです。社会貢献活動とは「与える活動」です。他の人に与え続けることは人としての使命であり、「人たる所以《ゆえん》」なのです。

（※）森の長城プロジェクト……世界一七〇〇か所で約四〇〇〇万本の植樹をし、世界の森をよみがえらせてきた横浜国立大学の宮脇昭名誉教授が提言する、瓦礫《がれき》を活用して三〇〇〜四〇〇キロメートルの「緑の防波堤」をつくるプロジェクト。瓦礫をゴミ・廃棄物という見方から生物社会の中の循環システムに位置づけられた地球資源とみなしたり、復興のシンボルとして見られていた「奇跡の一本松」から「松の単植では防潮林の役目は果たせない」と土地本来の潜在自然植生の森を再現することを提唱したり、その内容は八〇〇〇万本〜一億本の木を植えて九〇〇〇年後まで見据えた内容です。

8 「就職するなら明朗塾」の就職支援の着眼点

前者『施設長の資格!』(一九五～二〇三ページ)でも触れていますが、私が勤務する施設の中心的な取組みですのでここでさらに詳しく紹介します。

基本的スタンス

まず、「障害者就職支援、障害者雇用支援を主体的にかつ重点的に行う」という施設としてのミッションを明らかにしています。具体的には「就職[=給料で生活設計+社会人として社会貢献を果たす]を目指す障害者を全面支援」します。

全ての障害者が働くべき、と言っているわけではありません。働きたい、就職したい、を希望する人の夢は必ず叶えます、と宣言しています。

また、障害者の就職・雇用が進まない理由は全て自分にあると考える、というのも基本的なスタンスです。福祉制度や経済環境・景気や企業自身がもつ障害者雇用に対する考え方の中に障害者雇用が進まない理由を見つけようと思えばいくらでも挙げられます。しかしそうではなく、福祉施設の一人ひとりのスタッフと、また施設長の考え方や行動にこそすべての原因がある、をスタート地点にしています。

障害者の就職支援は、支援者が雇用主との厚い信頼関係を作り上げることが前提です。ですから、雇用主批判をしているようでは就職支援は進みません。雇用主に対して支援できることは何か、と考え続け、行動し続けることを通じてしか障害者雇用は実現しません。

また、就職を希望する障害者に対して十分な手厚い支援を行わないことは、障害者差別であり虐待そのものである、という考え方に立ちます。「支援」とはスタッフの行動そのものであり、障害者に求め強制する、障害者自身の行動のことではないのです。「個別支援計画」に中心的に書かれるべきはスタッフの行動の約束です。

ジョブマッチングは入社後にすべきこと

ジョブマッチングの手法は、入社前ではなく入社をしてから実施するものである、と考えています。企業に対して「今すぐここで必要な仕事」をこなせる人材を提供するのではありません。ジョブマッチとは職場における現在の全スタッフをどのように配置すれば最適の効果が得られるかを現場ごとに検討していくことです。施設で暮らしている障害者の現在の姿そのままから「働けるかどうか」を推定してはならないのです。

さらに言えば、いまだかつて障害者を就職させた体験のないスタッフは、就職するために何をすればよいのか分からないのです。分からないことからくる不安が「この障害者は働けない」という判断をもたらすのです。

ジョブコーチが言ってはならないこと

「障害者を雇用した会社の社員のガス抜きをすることがジョブコーチの大切な役割である」という言葉を今までに何度か聞きました。これは決して言ってはならないことです。たとえ社員の不満や期待はずれがあったとしても、それを「ガス」と表現する無神経さに気づく必要があります。

あなたの上司や仲間が、あなたの職場での不満や改善提案、希望をよく聞き入れてくれたあとに「やれやれ、ガスを抜いたよ……」とつぶやいたとしたら、あなたはどう感じるでしょうか。あなたの「不満や改善提案、希望」をなければよいと考えたからこそ「ガス」という表現が出てきたのです。自分にとっても面倒なものを処理したという意識があるから「ガスを抜いた」と言ったのです。

障害者と関わることはストレスでしょうか。人と関わることには何らかのストレスがあるものですが、その原因は本当に「障害」にあるのでしょうか。あるいは原因は「障害」だけでしょうか。

また、職場において本当にストレス・緊張感はなければよいものなのでしょうか。就職するということは、誰であってもその人がこの世に初めて見せる才能の発揮の場に就くことです。転職もそうです。仕事には、「作業」と「職場の人間関係」という少なくとも二つの要素があります。職場の人間関係によっては発揮される成果が異なるのです。成果は、本人の「作業」遂行能力だけで決まるものではなく、むしろ職場の人間関係の要素が占める割合のほうが作業能力のそれよりも大きいのです。

だからこそ、ジョブコーチは「作業遂行能力改善」だけでなく「人間関係改善」にも取り組もうとします。「作業遂行能力改善」のための所為《しょい》はハード面ソフト面、共に多くはジョブコーチが力を発揮する範囲でしょう。しかし「人間関係改善」のための所為は、当事者同士の関係性が大きく影響しますので、少なくとも「作業遂行能力改善」と「人間関係改善」が同じように進むとは考えないほうがよいでしょう。

前者はジョブコーチが関われば関わるほど効果が上がる一次関数のイメージで、後者は変数がたくさんある数次関数のイメージです。もっと簡単に言えば、後者は「ごちゃごちゃな状態が当然」「その状態をそのまま受け入れる覚悟を決めることが大切」「数ヶ月後（または数年後）の改善のために今、種を蒔《ま》くことが大切」「種を蒔いたその日に収穫できないからと腹を立てるのは自然を理解していない証拠とわきまえることが大切」なのです。

ジョブコーチの使命と究極の幸せ

ジョブコーチの使命。それは「仕事は楽しい」ということを身をもって伝えるところにあります。

障害者にとっては、福祉施設の中での生活、特に入所しての生活に比べれば、就職して仕事に従事できることは本当に楽しいことです。仕事を通じて他の人を幸せにできていることを実感できるならば、その仕事に従事できているだけですでに十分幸せであり、職場での作業等で体力的に疲れることがあったとしても、精神的には充実し十分に心が満たされるのです。仕事が楽しい、ということは「仕事がないことはとても辛い」という意味になります。自分という存在を認めてくれる人が居ることを実感できない、自分が誰かを幸せにしていることが実感できないことは、とても辛いことなのです。

ですから、ジョブコーチは作業能力の発揮の仕方を科学的に開発し、実践しそれが功を奏したとしても、それだけでは不十分なのです。どんなに障害特性の理解のうえに立っていたとしても、単に効果的に作業効率を上げる方法を教えるだけのジョブコーチは二流です。

一流のジョブコーチならば、生き方を教えるのです。これを読んでいるジョブコーチの方々に問いたいと思います。「あなたは生き方を語っていますか？」「人としての生き方をあなたの背中を見る人々に伝えていますか？」。

目に見える行動を改善することだけでは不十分です。人の生き方は目に見えない意志です。このポイントを見失ってはならないのです。

会社（企業）は、自らの創業の理念に基づいて、社会の人々に幸せを届けようと日々奮闘努力しています。ドラッカーの有名な言葉の「事業の目的は、顧客の創造である」（P．F．ドラッカー『[新訳] 創造する経営者』（原題 Managing for Results）ダイヤモンド社、一九九五年：一二六〜一二七ページ）における顧客とは、自らの企業活動によって幸せを手にする人々のことです。この創業理念に基づく企業活動に協力したい、身も心も捧げたいという思いが「就労意欲」の具体的な中身です。決して収入を増やしたいと願ったり、自分のキャリアをアップさせたいと願ったりすることではないのです。企業に就職をしたいということは、その企業の社員たちと共に、その企業のお客様に幸せを届ける活動に従事したい思いのことです。自分だけが幸せになりたいという願いとは別ものです。このことをはっきりと自覚することが「人としての生き方」を理解する第一歩です。

ですから、ジョブコーチは作業をいかにこなすか、という支援に留まってはならないのです。そのために、自分自身の生き方を見つめなければなりません。人の幸せに貢献できることに日々感謝することが大切なのです。ジョブコーチという仕事が楽しくてならない、と感じているジョブコーチに出会えた人は必ず幸せになります。

だから、私は確信しています。ジョブコーチの究極の幸せは障害者に次のように語りかけられたときに訪れるのです。

「障害者の就職支援をする『ジョブコーチ』という仕事は本当にやりがいがあるし、何といっても楽しいよ、だからあなたも私と一緒に『ジョブコーチ』の仕事をしてみないか」

求人票の記載内容を鵜呑みにしない

障害者の働く能力は千差万別です。労働者の働く能力は千差万別です。そもそも、求人票を作成した担当者が「必要な労働力」を文字で的確に表現できているとは限らないのです。障害者に関する情報が少なく漠然とした不安がぬぐえない中で作成されているからです。そこで、できるだけ多くの障害のある労働者（就職希望者）や支援体制に関する情報を提供することで、企業の求人内容が変化してくるものです。にも関わらず、求人票の内容に見合った人選とジョブマッチングをしようとすること自体が、結果的に就職への「ハードル」「障害」そのものになってしまうのです。ですから、企業に対してできるだけ多くの求職者を紹介する、という発想に立ちます。と共に「障害者雇用の基準」を伝えるのです。

ここからが重要なところですが、障害者雇用の基準とは何でしょうか。

それは、就職支援スタッフの人柄（生き方）です。企業が障害者の就職支援に従事するスタッフの人柄・行動に惚れ込み、むしろそのスタッフ自身を雇用したいと思うようになるならば、障害者の雇用は実現します。ということは、障害者雇用の基準とは、障害者の能力にポイントがあるのではなく、スタッフの姿勢やその支援体制にポイントがあるということです。これが障害者雇用の基準です。ただし、この基準を伝えるには大きな勇気が要ります。確実な実績に基づく自信がなければとても口にはできないでしょう。でもあえて言うならば、これができないから、実績が上がらないのです。障害者雇用の実績が上がらないのは、障害者の能力に責任があるのではなく、企業の採用姿勢に責任があるのではなく、スタッフの姿勢や能力に責任があるのです。

企業に対してできるだけ多くの求職者を紹介することが、企業の人事権、選択権を尊重するとともに保証することなのです。

別のことからも説明しましょう。小売業の売場づくり戦略の一つに「陳列量の決定」があります。「品切れ」を防ぐために「最低陳列量」の概念を用いています。最低陳列量とはお客様にとって「売り場に商品がある！」と感じる量のことです。商品によって異なりますが、最低陳列量を割れば商品はあっても「欠品」となるということです。売り手が「商品は陳列されています」と思っていてもお客様は「もうない！」と感じることがあるのです。スーパーの野菜売場を想像してください。平台にキャベツが山積みになっています。その中から、お客様が品定めをして買っていきます。広い平台の上にキャベツが残り数個になると、たとえ品質がほぼ同じであったとしても、お客様は「もう、残り物しかない！」「もう買いたいものは売り切れている」と感じるのです。コンビニのお弁当売場でも同様です。売り手にとっては「まだ商品は残っている。欠品はしていない」と感じる状態であっても、一瞥《いちべつ》したお客様は売場を通過してしまうのです。

求人票に募集人数が一人と記載してあったからといって、応募者をスタッフが人選して、面接に一名を参加させるとすれば、雇用は遠のきます。この段階ですでに企業の人事権の侵害と共に応募者のチャンスを奪っていることに気づかなければいけません。面接官にしてみれば、一名採用するときに応募者一名では結論を出しにくいからです。五名、一〇名と応募者がいればその中から選抜できます。また、この数多い面接を繰り返す中で、障害に対する考え方が変化してくるのです。そして、より多くの応募者を紹介できるスタッフが信頼を得るのです。

障害者を「一本釣り」しない

障害者を「一本釣り」しない、とは、スタッフが、求人情報に合うと思われる障害者を選択しないということです。ジョブマッチングを就職前に追求し過ぎないことと関連します。具体的には、求人情報を手にしたら、それに対する実習・見学の応募希望者を自法人内の利用者に限らず広く募るのです。就職希望者には全ての機会を提供しなければなりません。公平性の確保とはこういうことです。働く能力とは働く意欲のことですから、働く意欲があるにも関わらず働く能力がない、と決めつけてはいけません。就職の決定権は、働き手と雇用主にあるわけで、スタッフにはありません。障害者のためという熱い思いがあったとしても、本人は向かないと判断をして、求人枠に調整して実習・見学や面接の機会を奪うことは、結果的に虐待になります。

また、よほど気をつけていても、障害者施設においてはお客様にとって「スタッフに気に入られることが最初の関門」となってしまうものです。心してかからなければなりません。たとえ企業の人事担当者から適材を推薦して欲しい、と依頼されたとしても、自分が人事権をもつことになったと勘違いしてはなりません。

施設の中にあっては、お客様から就職したい、という相談を受けるケースがあるでしょう。そのときに、その相談を受けたスタッフが注意しなければならないことは、「ジョブコーチに頼みなさい」という言葉です。雇用や就職の決定権は当事者がもつのです。ジョブコーチは最前線でサポートを担当するスタッフには違いありませんが、このような言葉が不用意に使用される中で「スタッフに気に入られることが最初の関門」がつくられてしまうことに気づかなければなりません。

「施設内訓練」を実習の前提条件としない

施設のスタッフには就職を決定する権限はないので、施設で行われる訓練そのものが就職には無意味な場合があります。訓練が不要というわけではありません。むしろ必要です。ただし、訓練の中身を徹底的に精査しなければなりません。そうしないと、就職に必要なことかどうかよりも、スタッフが実施できるかどうかで選択されたプログラムばかりが展開する危険があります。このことは、就職支援に限らず、工賃支払いのための作業プログラムにもいえることです。必要な工賃が支払える事業モデルかどうかより、スタッフが支援できるかどうか、施設が設備投資できるかどうかで選択されてはいないかを、やはり徹底的に精査しなければならないということです。

また、現に障害者を雇用している企業への対応が、いつでも正しいとは限らないということにも気づかなければなりません。障害者雇用企業は、障害者にとっては非常にありがたい存在です。このことには異論を唱えるものではありません。ただし、日本の企業の中で障害者雇用をしている企業よりもしていない企業のほうが圧倒的に多いのです（障害者雇用促進法の適用企業数は七万六三〇八社（二〇一二（平成二四）年六月一日）、日本の企業数は六〇四万三三〇〇社（総務省「平成二一年度経済センサス」）。

この雇用をしていない企業に障害者雇用の意義や必要性をいかに届けられるかが大切なのです。ということは、障害者にとって就職に必要なスキルは何かを、現に雇用している企業に調査をして、その結果を基に支援プログラムを作成することは、障害者雇用をしていない企業が必要としているスキルから乖離してしまう危険性があります。

ドラッカーは経営者に対して部屋からでて社外を歩き回ることの重要性を強調し、「顧客がどこかで、いかにして購入するかの変化を知るには、自ら市場に出かけ、顧客とノンカスタマー（顧客であっておかしくないにもかかわらず顧客になっていない人たち）を観察し、馬鹿げた質問をしなければならない」（P．F．ドラッカー『実践する経営者』（原題：Advice for entrepreneurs）ダイヤモンド社、二〇〇四年：八九ページ）、「変革は、組織の外からやってくる。小売業では（中略）今日いかに繁盛していたとしても、自分の店舗が顧客として抱えているのは、膨大な市場のごく一部にすぎない。圧倒的多数は、顧客ではない人たちである。そして基本的な変化が始まり、それが重大な変革に発展していくのは、常に顧客ではない人たちの世界においてである」（P．F．ドラッカー『未来への決断』（原題：Managing in a time of great change）ダイヤモンド社、一九九五年：一五五ページ）と述べています。

ですから、障害者雇用に積極的に取り組んでいる企業がある一方で、そのような必要性を感じていない企業がある。ではその企業の労働者に対する思いとはどういうものなのだろうか、と考えてみる必要があるのです。何を必要としているのだろうか、何に不満・不足を感じているのだろうか、そのことに対して障害福祉施設としてお手伝いできることは何だろうか、と。このような取組みが、今まで不十分だったから障害者雇用が進まなかったのではないか、と自問するのです。どのような企業であっても、使命感をもって事業に取り組んでいます。このような企業に障害者雇用への使命感を製品・サービスを歓迎している消費者・顧客がいます。障害者雇用をしていない企業の届けられないのは、障害福祉施設・事業所の取組みが不足しているのではないか、とまず考え、それから現在、施設・事業所で取り組んでいる「施設内訓練」を振り返るのです。そして、本当に考え抜くのです。この訓練が企業に伝わるだろうか、と。

なお、「見学」と「実習」は大きく異なります。同様に「実習」と「就職」もまた大きく異なるのです。障害者の企業見学のときの態度を垣間見《かいま》ただけで就職には向かない、と軽々に判断してはなりません。普段、施設・事業所の中での障害者の姿を熟知しているスタッフでも「勤務中の姿」については無知であると自覚すべきです。また、「社会人マナー」習得に関する支援を継続する姿勢は必要です。面接・実習・就職に最適な「姿・格好」というものがありますから、その外見の姿の実現に全力を尽くすことも施設・事業所のスタッフには求められます。

礼儀正しいビジネスマナーを身につける

スタッフが企業側に歓迎されるには、障害者に関する知識・障害者雇用に関する情報以外のところにポイントがあります。もちろん、企業にとって正しい情報提供をすることは不可欠ですし、その情報提供力を身につけることが前提です。ここでは、特にスタッフの「外見」を強調したいと思います。訪問企業に歓迎される姿・格好とはどういうものかをよく考えてください。「姿・格好」に無頓着なことが、結果的に障害者就職を阻害する事態を引き起こしていることに気づかなくてはなりません。

「障害者雇用の基準」について「求人票の記載内容を鵜呑みにしない」の項で書きましたが、マーケティングにおける顧客心理を理解する原則の一つに、お客様にとっては「何を買うか」よりも「誰から買うか」のほうが重要になる、というものがあります。障害者雇用についても当てはめることができます。すなわち、スタッフがどういう人であるか、信頼するに足る人物であるかどうか、で企業側は障害者雇用に踏み切るかどうかの心が決まるのです。たった一人のスタッフのマナー・エチケットの失態が組織全体の評価を決めることになります。礼儀正しいビジネスマナーを身につけることは、就職を目指す障害者にとって大切なことは勿論ですが、スタッフが企業の経営者や人事担当者から「パートナー」として今後末永く付合っていきたい、という信頼感を手にするためにもまた大切なのです。そのための努力をし続けること、施設・事業所全体でそのことをバッックアップしていく体制を作り上げること、これがポイントです。

長所発見能力の育て方

障害者一人ひとりの長所発見能力（すぐに一〇個以上の長所を言えるかどうか）もまたスタッフにはとても必要です。この能力をスタッフが身につけていくには、これまたポイントがあります。それはスタッフが所属する組織の施設長に一人ひとりのスタッフの長所を一〇個以上すぐに言える力があることです。自分の良さを認められていると感じられない人は、他人の良さを「素直に」認めることができないからです。

ですから施設・事業所のスタッフの力が発揮できないとすれば、一人ひとりのスタッフの成長の可能性・潜在能力を含めて長所が見えていない施設長に責任があるのです。施設長は、スタッフの可能性や能力を瞬時に見限ることや、ダメだと烙印《らくいん》を押すことが役割ではありません。これに気づいていないときに発生するのがパワハラです。

チーム支援

障害者の就職支援に従事するスタッフの数は、私が勤務する法人では、障害者就業・生活支援センターに五人、県単事業の企業支援員等が三人、ジョブコーチが二人で、そこに就労移行支援事業所の就労支援員が加わります。就職支援に従事するスタッフの人数が多ければ多いほど障害者就職の成果が上がります。事実、スタッフ一人体制時の成果は年間一〇人程度でした。それが二人に増員したところ三〇人を超えました。前記の体制にしてからは一〇〇人を超えています。成果を上げたい部署に配置するスタッフの数を増やすことは、人事配置権をもつ施設長が取り組まなければならないことです。

とはいえ配置人数を増やすことだけでは「仏作って魂入れず」です。私が、現場スタッフから気づかされたものは「チームワークづくり」の視点です。同じ現場で同じ仕事をするスタッフ同士に自然にチームワークが生まれるならば、こんな楽なことはないでしょう。チームワークは意図してつくらなければならないのです。

山本樹センター長率いる障害者就業・生活支援センターのスタッフは、仕事上だけではなくプライベートでも一緒に過ごす時間をつくっています。仕事の日は間違いなく激務です。勤務時間内に仕事を終えようとするには工夫と努力が必要です。プライベートぐらい仕事仲間と離れて……と考えるのが自然です。しかも、それぞれのスタッフには家族があり、産まれたばかりの子どもがいて、父として母として時間を過ごしたいでしょう。にも関わらず、定期的に仕事の後に飲み会や食事会をしたり、旅行に出かけたり地域のイベントに参加したり、とチームワークを確実に醸成する努力をし続けています。

就職支援の現場では、それぞれのスタッフが自分の守備範囲を分担するだけでは成果が上がりません。お互いがカバーし合うことが大切です。特に、個々の支援にはタイミングが重要だからです。「今すぐ」が大切なのであって、同じ支援を来週に回したのでは間に合わなくなります。そこで、この仕事の期限を守り合うのがチームワークの質の高い集団のもてる最大の力です。この力をもつスタッフ集団が就職支援の実績を残すのです。

第6章

将来の自分を育てる針路

「誰にでもできることを誰にも負けないほど続ける」。

これが施設長の身につけるべき根本的な態度でしょう。経営者としての施設長は、スタッフの強みを最大限に活かした人事による経営を目指さなくてはなりません。組織のチームワークでスタッフ一人ひとりの弱みが組織の弱点にはならないようにするのです。全体を俯瞰《ふかん》する立場に立つ施設長でなければ果たすことのできない役割があります。その役割を果たす立場についたからには、目指す成果をスタッフに約束しなければなりません。

船が目的地に着けないとすれば、それは漕ぎ手であるスタッフの責任ではなく、船を指揮する船長に責任があるのです。無事目的地に着いたときは、スタッフを好きなだけ褒めたらいいでしょう。しかし途中どのような困難に遭遇しようとも目的地に着けなければ、そのときは全ての責任を船長が負うのです。出帆を命じ、航路を選択し舵を切ったのは誰か。スタッフの士気を高められず、持てる力を十二分に発揮させなかったのは誰か。そして諦めたのは誰か。

スタッフが寝ているときにも勉強をするのです。スタッフが休息しているときにも海図とコンパスを一時も離さず研究し続けるのです。この道を選んだのは他でもない施設長であるあなたなのですから。

1 自らの生き方を問い続ける勉強

施設長の勉強の目的は何か。それは自分の使命を自分との約束どおりに果たすためです。自分がこの世に生を受け、成長し、今のポジションにあるのは自らの使命を果たすためです。先人から受け継いだこの世の中をさらにより良くして将来に引き継いでいくためにこそ「施設長」であるのです。私たちは目に見える人々からばかりでなく無数の人によって育てられています。

私は書店で何冊かの書籍を購入する度に「ここに書店が存在するのは、自分の興味のあるなしに関わらず数多いジャンルの書籍の著者がいてくれたこと、出版社、印刷会社があってくれたこと、それらを買い求める多くの読者がいてくれたこと、そしてそれがずっと続いてくれたこと、そのおかげで今日も書店が営業を続けている。だから今日、気に入った本を手に入れることができた。今日の本を買えたのは自分一人の力ではなく、見ず知らずの無数の人のおかげ……」と感慨に耽《ふけ》ります。

私たちは間違いなく先人を含め無数の人に育てられたのです。だからこれからの世の中を生きる無数の人たちを育てる使命があるのです。過去一〇〇年間の先人の業績を知り感謝することでしか一〇〇年後の人々に感謝されることはないでしょう。一〇〇〇年前の先人に感謝できるならば、その恩に報いようとする私たちの行動は一〇〇〇年後の人々に理解されるでしょう。

施設長が誰にも負けないほどの勉強することは、自らの生き方を問い続けることです。その姿勢が私たちの「生き様」です。私たちが先人から学ぶこともまた先人の「生き様」です。先人が残してくれたモノではなく、先人の残した「生き様」を学ぶべきなのです。そして私たちが将来に向けて伝え残すのは、私たちの「生き様」でなければならないのです。

2 「先を読む力」が身につく環境に身を置く「情報のインプット」

社会福祉制度は変遷し続けています。変化の萌《きざ》しはいつあったのでしょうか。日本の福祉制度の流れを見ていると、様々なきっかけによって、その後の制度がつくられてくることが分かります。過去の制度変遷をよく見ていくことで、将来を占うこと、一〇年先のことまではなかなかイメージできなくても、数年先までならば、どのような変化が起こるのかを予測することができます。

ところで、社会福祉法や介護保険法、障害者総合支援法の全文を読んだことがありますか。読まなくても、法律批判はいくらでもできます。しかし、できないことがあります。その法律に代わる制度提案です。またその法律を最大限活用する事業経営です。

「法律」「通知」「Q＆A」「主管課長会議資料」などは、今ではインターネットでほぼ発表の即日に入手することができます。役所から届かない、施設長が知らせてくれない、などという理由は通じません。自ら主体的に入手して、その内容を読み込み熟知しなければなりません。この姿勢を持たなくて「プロ」としての誇りは育ちません。

併せて重要なことは、このような必要な情報が確実に入手できる環境に自らを置くことです。様々な業界団体に所属することで、当然費用負担はありますが適時に情報に接する環境を手にすることができます。何も考えずに群れることは良くないことですが、目的をもって人と交わらなければなりません。「一匹狼」に留まることなくできるだけ多くの人と情報に触れなければ、感度のよいアンテナは育ちません。様々な情報を主体的に読み込むことで、何が有用で何が無用な情報なのかを判断できるようになるのです。

3 福祉の成果を福祉の世界に閉じ込めない［情報のアウトプット］

火山学者の京都大学の鎌田浩毅教授は「アウトプットを認めてもらえないような勉強は、（中略）大人にとっては「価値」がないのです。（中略）火山のプロフェッショナルは、勉強した成果を社会へ還元しなければなりません。その結果として、多くの人に火山を身近に感じてもらえるのです」（鎌田浩毅『一生モノの勉強法』東洋経済新報社、二〇〇九年：二〜三ページ）と述べています。私が勤務する施設では障害者就職支援に特化して取り組んでいますが、この就職支援のノウハウを、障害者や企業以外の人々にも、喜びとともに還元していく必要があるのです。高齢者施設や児童施設であっても自分が手にした情報を、実践・検証を経て「知識」に変え、それを世の中に還元することが施設長には求められています。しかし実践してみると、残念ながら歓迎されないことやがっかりさせられることもありますが、次の言葉に救われますから大丈夫です。

ANYWAY

People are unreasonable, illogical and self-centered.
Love them anyway.

If you do good, people will accuse you of selfish ulterior motives.
Do good anyway.

If you are successful, you win false friends and true enemies.
Succeed anyway.

The good you do today will be forgotten tomorrow.
Do good anyway.

Honesty and frankness make you vulnerable.
Be honest and frank anyway.

What you spend years building may be destroyed overnight.
Build anyway.

People really need help but may attack you if you help them.
Help people anyway.

Give the world the best you have and you will get kicked in the teeth.
Give the world the best you have got ANYWAY.

それでも

人々は、理性を失い非論理的で自己中心的です。

それでも人を愛しなさい。


もし、いいことをすれば、人々は自分勝手だとか何か隠された動機があるはずだ、と非難します。

それでもいい行いをしなさい。


もし、あなたが成功すれば、不実な友と本当の敵を得てしまうことでしょう。

それでも成功しなさい。


あなたがした良い行いは明日には忘れられます。

それでも良い行いをしなさい。


誠実さと親しみやすさはあなたを容易に傷つけます。

それでも誠実で親しみやすくありなさい。


あなたが歳月を費やした建物が一晩で壊されてしまうことになるかもしれません。

それでも建てなさい。


本当に助けが必要な人々ですが彼らを助けたら彼らに襲われてしまうかもしれません。

それでも彼らを助けなさい。


持っている一番いいものを世の中に分け与えると自分はひどい目にあうかもしれません。

それでも、一番いいものを世の中に分け与えなさい。

一九四九年生まれの米国人ケント・M・キースがハーバード大学二年在学中に作詩した「逆説の一〇ヵ条」ですが、マザー・テレサが気に入り、カルカッタのシシュ・ババン（SHISHU BHAVAN「孤児の家」）の壁に書かれているものです。

4 「絆」とは先人との出会い

誰もが「今日は昨日とは違う日に」「明日は今日と違う日に」と望みながらも変われない日々を続けています。自分が変わるためには、人との出会いが不可欠です。自分が変わらなければならないという要請は、他人との交わりから得られるのです。自分が変われるという希望と、変わったという実感が、世の中の変化に対応する持続可能性を高めることになるのです。

「最も強い者が生き残るのではなく、最も賢い者が生き延びるでもない。唯一生き残るのは、変化できる者である」とは、英国の自然科学者チャールズ・ダーウィンの有名な言葉ですが、ダーウィンには次のような言葉も残しています。

「自然淘汰《とうた》とは、有用でさえあれば、いかに小さな事であろうとも、保存されていくという原理である」。

有用かどうかという判断は自然がするということです。「変化した」「対応した」という評価は、自分がするのではないのです。

第1章「7 スタッフに学びの姿勢を伝えるために」で紹介した吉田松陰の「士規七則《しきしちそく》」にある三端《さんたん》は、志を立てること、友・先生を選ぶこと、読書をすることの大切さを説いた言葉です。そのための旅の大切さも強調しています。旅を通じて出会う土地の風物は、自然をも含めて先人が関わっています。読書も先人の思想に出会うことです。先人を含めた多くの人と出会い、自分の志を果たすために友と師を見つける大切さを吉田松陰は説いているのです。

自分が変わったという評価は、先人を含め、人によってなされるものなのです。先人の思想に触れることで、自分の変化が自然に受け容れられるものかどうかの確信が得られるのではないでしょうか。過去から現在へと連なる人との出会いの中で、その生き様を見つめる感動があって初めて、心の中の気持ちが表出して、受け取った感謝を次代へ伝える行動が起こるのです。「人と会う」喜びと感謝を未来の子どもたちへ、次代へとつなぐ行動をするとき、人は本当の「絆」を結ぶのです。

5 スタッフを採用する力

毎年四月からの新規スタッフ採用に向けて、あなたはいつ活動を始めますか？

スタッフの採用は「欠員補充」のためと考えると効果的な採用はできません。人財の能力開発・教育訓練とスタッフ採用とは同じものだと考える必要があります。将来のどの時期に、どのような人財（新しいスタッフ・フレッシュな戦力）が必要となるかをはっきりさせたときに、準備が始まります。

しかし、あなたが経営する福祉サービス施設・事業所が素晴らしいサービスを提供していて、スタッフが誇りを感じながら仕事をしていたとしても、そのことが「自然に」就職を考えている学生や大学・専門学校の先生方に伝わることはありません。採用の準備を怠っていて、スタッフが集まらないと嘆いてはいけません。採用活動とは、自らの職場を学生や学校の就職担当の人々に知ってもらうための活動です。

採用枠が未定であったとしても求人票を作成することはできます。とはいえ、求人票に全てのことは記入しきれません。「スタッフ採用」という言葉に惑わされがちですが、スタッフの採用とは、施設長であるあなたが学生を選ぶものだと勘違いしてはいませんか。そうではなく、学生から選ばれるものです。ですから、学生が選択するにあたり十分な情報を提供し続けることが大切なのです。

求人票からホームページなどに導く工夫も必要です。ホームページがなければ紙媒体の資料の請求方法を説明することになります。「百聞は一見にしかず」ですから、直接、施設・事業所に訪問してもらう方法や職場体験の機会提供をすることも大切です。

このような提供情報の量は多ければ多いに越したことはありません。とはいえ、短期間に集中して提供しきることはできません。ですから、できるだけ早めにスタートしなければならないのです。勿論他のどこよりも早く内定を出せばよい、ということではありません。

マクドナルドの店内に置かれているアルバイト募集のツール（応募先の連絡先が印刷された名刺大のカードと履歴書用紙付きの応募用紙）には「realistic job preview（あなたを活かす仕事が、ここにある）」というキャッチコピーと共にマクドナルドのサービスのエッセンスが「quality」「service」「cleanliness」「value」の項目でまとめられています。

さらに「merits & benefits（やりたい理由が、ここにある）」とマクドナルドのアルバイトに実際に従事したら、あなたの生活がどのように変わるかということが具体的に記述されているのです。アルバイトを募集するためには、このようにイメージしやすく語りかけることが大切なのです。そして、施設サービスのパート・アルバイト（に限らず正職員であっても）に対して、今まで仕事に従事したときのイメージをどのように語りかけてきたのかと思い返すと、なるほど人が集められない理由はこういうところにもあるのだ、と感じます。「merits & benefits」は次のとおりです。

①自由：勤務は短時間からOK。都合に合わせて働けます。また、希望の日や時間をあらかじめ提出するシステムだから、大切な予定を優先できます。勉強や趣味、家事などとの両立もラクラク。

②やりがい：クルーはやる気によって、ステップアップできるシステム。後輩の指導やお店の管理など、責任ある仕事もお任せします。また、アルバト経験の期間に関係なく、よいアイデアは採用しています。積極的にお店の運営に参加してください。

③安心：マクドナルドで活躍するクルー（アルバイト）は、全国で13万人以上。働きやすい環境が整っているのはもちろん、トレーナーのていねいな指導と充実したマニュアルで、仕事はすぐに覚えられます。

④出会い：お店はとてもアットホームな雰囲気だから、楽しく働けることうけあい。色々な夢や可能性を持った、幅広い年齢層の人たちとの出会いは、普段の生活では得られない貴重な経験となること間違いなし。

⑤成長：「アルバイト教育がしっかりしている」と評判のマクドナルド。実際にクルーの多くが、コミュニケーション能力や問題解決能力を伸ばしています。マクドナルドでは、そのス

キルを資格として認定する制度を設けました。学生の方は、就職活動にも利用できます。
⑥楽しさ：その他、ＡＪＣＣ（オール・ジャパン・クルーコンテスト）と呼ばれる全国規模のコンテストや、店舗ごとのクリスマス会、卒業式など楽しいイベントがいっぱい。旅行やレジャーを割引価格で利用できる、お得な制度もあります。

また、千葉県社会就労センター協議会主催の「共感誘発 福祉人材採用成功実践セミナー」で講師を務めた糠谷和弘氏（※）による人財採用と育成の説明は、実践に裏づけられた重みがあり、とても参考になりました。福祉現場の人財採用は、求人難の時期と一息つく時期が繰り返していきます。おそらく多くの施設長は困窮したり安堵したり振り回されていることでしょう。

「採用」と「教育」は、福祉現場においては特に重要です。糠谷氏は「経営は仕入れで九〇％決まる」と強調しました。福祉業界で「仕入れ」に相当するのが採用と人財教育です。したがって採用と教育に関しての戦略立案が重要になるのです。

たとえ「欠員補充」の状態からすぐに脱することができないとしても、人財育成・教育は「無計画」「場当たり」から脱することはすぐにできるはずです。

糠谷氏は「採れる募集戦術」を次のように規定していました。

あなたの法人にはどんなスタッフがふさわしい？ ↓ 三年後に必要なスタッフ像は？ ↓

具体的なターゲットは？　↓　それを短い文で表現すると？　その人があなたの法人で働かなくてはならない理由は？　↓　働くメリットは？　↓　働くデメリットは？　↓　デメリットを解決する方法は？　↓　ハッピーな採用

糠谷氏はまた「採用マーケティングの原則」を強調しました。採用には「誰に」×「何を」×「どのように」という三つの要素があるといいます。「誰に」とはターゲットのことで、どのような人財を採用したいのかを明確にすることです。「あなたにとって理想的なスタッフとは」というワークを通じて、いかに採用対象に関しての自分の意識が薄いかを気づかされました。

「何を」とは、就職したときのメリットのことです。これも「あなたの法人に入るとどのようなメリットがあるか」というワークで考えさせられました。メリットの一つには「成長」があります。新入スタッフが研修を通じて、また仕事を通じて成長し、その成長成果を実績として見える形で実感できることが大切です。この研修制度について具体的に示すことが、募集時に伝えるべき安心感の中身です。研修制度と先輩が後輩を指導する仕組みについて具体的に伝えなければなりません。

「どのように」とは媒体のことです。求人している事実を求職者に伝える手立てです。学生の九三％は求人情報をスマホで手にしているのです。自施設のホームページをもたないことはそれだけで機会を失うことになります。「ホームページ作成には高額な費用がかかる」というのはすでに昔の常識です。また「ネットのことは詳しくないから」というなら、とりあえず研修制度など伝えたい内容を作成してください。今から三〇年前くらいに、世の中にパーソナルワープロが出ました。文書作成のツールとして漢字タイプライターからワープロに変わり、カットアンドペーストや文書保存など従来にない概念が生まれた当時、文書作成のコンテンツを手書きで用意し、私に清書させる年配の先輩がいましたが、考えてみればホームページやブログ・メルマガなどネットでの情報発信は「紙の印刷物を配布する」を「WEBデータでネット上に公開する」ことであって、「手で書く」から「ワープロで文書作成し印刷する」と大して違いはないわけです。ネットには詳しくなくてもネットで伝えたい情報はつくれるはずです。

そして、実際にそのとおりに行動すれば明白ですが、ネットで伝えたいことをまとめきって初めて、本当に発信したくなるのです。ですから、まとめきらないうちは、「ネットのことはよく分からない」という言い訳にしがみつくことになるのです。

（※）糠谷和弘氏のプロフィール…元・船井総合研究所チーフコンサルタント、現・㈱スターコンサルティンググループ代表コンサルタント。特別養護老人ホーム、老人保健施設、デイサービスから有料老人ホームなど、幅広くコンサルティングしています。（主著『ディズニー流！　みんなを幸せにする「最高のスタッフ」の育て方』ＰＨＰ研究所、二〇一二年）。

6 ホームページ改善の視点

糠谷氏は、施設・事業所からの情報発信媒体であるホームページを強化し、継続的採用を行うポイントについて次のように教えてくれました。

介護事業所のホームページが陥りがちな一〇のミス

①　トップページに施設の建物の写真が目立つ
②　採用ページに給与・職種などの基本条件しか掲載されていない
③　代表者からのメッセージが形式的で具体的な言葉に欠ける
④　スタッフ紹介ページがないか少ない
⑤　プログラム、イベントの紹介がなくカレンダー・写真のみの掲載に留まる
⑥　情報の更新頻度が低く一ヵ月以上更新していない
⑦　研修制度の情報がない

⑧　利用者からの声が掲載されていない
⑨　法人概要・連絡先が見つけづらい
⑩　トップダウン型の情報発信で現場スタッフの生の声・息遣いが感じられない

今や上場企業の一〇〇パーセントがホームページで情報発信をしています。学生は採用情報をホームページからスマホで獲得しています。

施設長自身は、就職活動をしていませんし、したことがあったとしてもずいぶん以前のことでしょう。ですから、希望する企業（福祉事業所）のホームページにアクセスして、就職希望先の職場が自分にとって働きやすいところかどうかをチェックする人の気持ちが分からないのです。

またホームページの作成には金がかかる、という一〇年以上も前の常識をそのままもっていたとしたら、これまた改めなければならないでしょう。

一〇代～三〇代のスタッフを採用しようと思えば、就職希望者への情報提供の手立てとしていまやインターネットを活用した手段抜きには考えられないのです。

研修制度で安心感を発信する

研修制度は働く環境を示すポイントです。その事業所ならではのユニークな研修の中身と、受講した先輩スタッフの声と、受講することで業務のスキルを修得できる安心感が伝わりやすくなっているかが、チェックポイントとなります。特に業界初心者で新人スタッフになろうとする人にとって安心して働けるかどうかは重要なことです。「安心して」とは「お手軽に」とか「楽に」ということではありません。言うまでもなく福祉業界の対人サービスはその責任もその完成度も強く求められます。楽な職場ではありません。だからこそ、その要請に十分応えられるようにスタッフを育てる仕組みが完備されていることと、それが絵に描いた餅ではなく本当に効果があるかどうかを実体験した先輩スタッフが本人の声で語っていることが、ホームページを閲覧している人に確実に伝わるかを点検するのです。

利用者の声を発信する

「ユーザーズボイス」は、提供サービスの利用を決断するうえでの重要な要素です。利用者の声、家族の声を発信することで、職場の雰囲気を立体的に伝えることが可能になります。就職を考えている人にとっての「ユーザーズボイス」は、先輩スタッフの声が該当します。就職して一～二年程度の先輩が新人のときの不安をどのように払拭《ふっしょく》していったかを笑顔の画像つきで語ることは効果があります。

アクセスしやすい連絡手段

インターネットでホームページを検索しているのだから、ホームページ上に問合わせ用のメールアドレスを掲載しておく、という考えに落とし穴があります。

何かを問い合わせるときに、メールを作成し、送信して、返信メールを受信する手続きと、電話をかけて直接問い合わせる手続きとどちらに即決性があるかは明らかです。勿論メールのほうが会話の必要がなく気軽でよい、という人もいます。ホームページを閲覧していてすぐに何かを問い合わせたくなったときに、電話番号がなかなか見つからないのは大きなストレスです。電話番号すら分かりやすく表示できない事業者が、丁寧な支援や人財教育をしているとはとても考えられない、と判断されたら大変です。電話番号は必ずトップページの「上方・左側」にはっきりと表示します。

ホームページを見ている人が問い合わせをしようとしたときに、メールでも電話でもFAXでも郵便でもすぐにできるような情報が、初めてそのホームページを見た人でもすぐに分かる位置にあるかどうかをチェックするのです。ただし、何らかの事情であえて電話番号を掲載しないという選択を否定するものではありません。

現在、ホームページで情報発信している方は、すぐに確認してください。

7 小さなことを褒める？

施設長が、一人ひとりのスタッフを思いやり、考えやる行動や姿勢が、スタッフによる福祉サービスに対する行動や姿勢、そしてその実績に結びつくのです。これを「鏡の法則」と呼びます。したがって、よい福祉人財が育っていない、と一方的に決め込んではなりません。スタッフが力を発揮する環境（職場）を施設長が作り出していないだけなのです。

私が勤務する法人では、毎月、月間目標を定めてスタッフのモチベーションアップに取り組んでいます。この目標は、リーダーの一人である戦略推進本部長の小澤啓洋が設定しています。

ある月の月間目標は「褒める　称える」でした。人の成長は、自分が他人から承認されることで、そのスピードが高まります。とはいえ、他人に承認してもらうことは、実は自分の努力ではコントロールできません。他人からの承認を強制的に手にすることはできないのです。ですから、他人の承認を「待ちの姿勢」でいる限り、心安らかな状態には至らないのです。自分の努力や成果が認められない、という不満で一杯になってしまうからです。

では自分の力でできることは何か、といえば、福祉サービスのお客様や職場の仲間たちを褒めることです。褒める、称えるときのポイントが二つあります。

一つは、心の中で「褒める　称える」だけでは相手に伝わらないということです。口に出して、紙に書いて褒めなければ、相手に伝わりません。自分の素直な賞賛の気持ちを相手に伝えるには「心の中での喝采《かっさい》」だけでは成立しないのです。ところが「心の中での喝采」でも、自分の心の中には相手に対する承認の気持ちが生じますから、自分自身はそれで済んだという記憶が残るのです。このことはとても注意が必要なところで、ある日突然、相手から「あなたは私のことを認めてくれていない、私の努力を評価してくれない」と責められて、愕然《がくぜん》とすることがあるのです。自分の心の中の出来事は、自分はとてもよく理解し記憶していますが、他人は同じように理解してはいないのです。ですから、相手に対する「褒める　称える」は声にして、文字にして相手に伝えなければならないのです。当法人では「ありがとうカード」という名刺サイズのカードを作成し手渡ししています。

ポイントの二つ目は、相手の褒めるようなところが見つからないときの態度です。よく聞くアドバイスは「小さなことでも褒めましょう」です。ところが、この「小さなことを褒める」という姿勢は明らかに間違っています。少なくとも「小さなこと」と感じているようでは「褒める　称える」思いが相手には伝わりません。そこで「福祉サービスのお客様や職場の仲間たちの小さな行動やわずかな成果を見つけて褒めよう」という姿勢からは、すぐに脱しなければならないのです。

第1章「5　スタッフに感謝する心を伝えるために」で、ジョン・F・ディマティーニの感謝の考え方を紹介しましたが、なぜ、自分には「小さく」しか見えないのか、あるいはなぜ「無理しても見つけよう」としているのか。このことについてよく考える必要があるのです。褒める、称えるは相手の行動や成果をそのまま認めることです。行動の素となった相手の思考や環境をそのまま認めることなのです。そのまま認めていないから、自分にとって都合のよい「良いこと、良い成果」を見つけられずに立ち止まってしまうのです。

相手の行動や成果の素となった「思い」に耳を傾けること、特に相手の自主的・自発的な行動であれば、そのきっかけは何なのかに耳を傾けることが、実はそのまま「褒める　称える」になるのです。つまり「相手に褒めることが見つからない」とは、相手の話を聞いていないことの証明なのです。

8

施設長の勉強方法とは

壁の前の態度で分かる本気度

自分の夢の実現に向けて取り組むときに予定どおりに進まないときがあります。いわゆる壁にぶつかったときです。そのときの態度でその人の本気度が分かります。

「壁」を引き返すタイミング、方向転換を図るタイミングと見なす人と、今こそ踏ん張りどころ、跳躍《ちょうやく》のために一旦体を折り曲げるタイミングと見なす人がいます。

すぐに諦めるより粘り強く踏ん張るほうが良いようにも思えますが、対人交渉のときは、単純にこの判断ができません。相手の思いに寄り添おうという配慮から自分の思いをしまい込みたくなるからです。

商品を販売する現場では特に顕著になります。販売はしたい、売り込まなくてはならない、目標を達成したい、しかし買い手の思いに配慮すると無理には押せない、という葛藤が起こるのです。

介護・支援サービスでも同様に、是非利用していただきたい、しかし利用契約をためらうお客様の心を配慮すると強引には勧められない。このような葛藤です。

この葛藤が「壁」の姿の一つです。そして本気度が試されるそのときなのです。夢とか目標とかが、自分にとっての価値観をじっくりと考えないまま、目標を設定してはいないかと確かめてみる必要があるのです。

叶う夢とは「自分が何かを手にしたい」という形ではありません。「他人に何かをしてあげたい」という形です。何かを差し上げるという行動です。お金がなくても自分の時間とか自分の笑顔という自分の優しさを差し上げることができます。これらを差し上げる行動が夢の中身でなくてはなりません。お金を支払ってでも手に入れるというのは一つの行動の結果ではあっても、そのことが私たちの夢ではないのです。

葛藤は避けるべきではありませんが、自分が手にしたいもので葛藤することと、他人に与えることで葛藤することとを混同してなりません。本気度とは言い換えれば「他人に与える気持ちの強さ」のことなのです。

自分の本気度を見つめ直す良い勉強法を紹介します。それは「本物のプロ」に教わる姿勢をもつことです。本物のプロとは「プロ中のプロ」のことです。つまりプロが学びにくるプロのことです。私たちは福祉業界におけるプロです。福祉業界の人が学びにくる福祉施設の施設長とスタッフこそが「プロ中のプロ」です。この「本物のプロ」の門を叩いてください。

さらに福祉業界以外の「本物のプロ」にも学ぶ姿勢が必要です。第1章「1 届かないニーズに目を向け、耳を傾ける」で紹介した仙台市に本社を置く㈱S・Yワークスが主催する「S・Yサークル」に参加することを特にお勧めします。全国五都市の会場で開催されますから参加もしやすいはずです。百年企業創造コンサルティングを標榜《ひょうぼう》する同社代表取締役の佐藤芳直氏から、日本の福祉を支える志や施設スタッフの生き方を学ぶことができます。同社コンサルタントの葛西孝太郎氏も福祉業界に造詣が深い方です。「S・Yサークル」担当の内藤洋子氏のセミナー進行時の一言一言は非常に学びを深めてくれます。

このような学ぶ機会を活用して、様々な業界の本物のプロの生き様に触れることが施設長にとっては不可欠なのです。

現場力を身につける

施設長が身につけるべき現場力とは「掃除力」です。

舛田光洋氏の著書『夢をかなえる「そうじ力」』（総合法令出版、二〇〇五年）は「手放しで人に勧められる本」です。「自分自身の中に潜在的にあるマイナスエネルギーをそうじで取り除かなければプラス発想だけでは成功しない」。超簡単にまとめればこの一言でしょう。ですが是非読んでみてください。

「掃除」は、施設・事業所の備品・設備を磨くだけでなく、施設・事業所の品格はもとより施設長・スタッフ・お客様全ての品格を磨くものです。プロのビルメンテ（建物清掃）業者はどのような資材や道具を使って「驚くほどきれい」にしているのでしょうか。その極意を学び身につけるならば一生の宝になること間違いなしです。そして、その極意を身につけたスタッフが、障害者に「正しくかつ効果の上がる掃除方法」を教え、その極意を身につけた障害者が就職した勤務先で身についた掃除方法を誰からの指示もなく自然に展開したら、そのとき勤務先からどのような評価を受けるでしょうか。これが継続勤務支援の一つの形になるのです。

商品販売の現場においては、お客様が価値を感じるポイントには投資をしなければなりません。清潔感を維持するためのクレンリネス（整理・整頓・清掃）にはコスト節約をしないで取り組む必要があります。

「節約をしない」とはしっかりと予算を組む、ということです。例えば売場で商品を陳列するときに「商品を清潔で最高の状態とするためにいくらの経費を掛けるべきか」を考えてみてください。商品が最高状態ならばお客様の満足度が最高状態になります。またクリーンな環境の中でスタッフは効率よく作業し、笑顔で顧客対応できるようになります。つまりスタッフの態度、応対と店のクレンリネスは比例するのです。スタッフの対応をよくするためにはクレンリネスのレベルアップに取り組むことが不可欠になります。

そのために掃除の技術を高めなければなりません。「心を込めて徹底的にそうじをしましょう」と貼り紙をすれば事足りるわけではありません。スタッフがクレンリネスの技術を習得するためにプロの指導を受けることも必要です。と同時に、掃除をシステム化します。毎日の掃除、毎週の掃除、毎月の掃除を明確にして、チェックリストを作成します。実施後の成果（＝クリーンな状態）

の共有ができなければ達成感が得られません。また毎日の掃除時間の上限を定めなければ効果は上がらないといわれています。どのくらいの時間を掛けるべきか、を検討する際には、小中学校でどのくらいの時間が清掃に割かれているかを参考にしてください。

掃除の作業割り当ては、作業内容ではなく作業エリアで分担するのがコツです。清潔感を可視化することで、上手なスタッフとさらにトレーニングすべきスタッフを明確にできます。「しっかりとした掃除ができない状態」を放置しない、という姿勢を明確にするのです。

掃除時間の割り当ては、店舗では商品・陳列什器が四〇パーセント、床が三五パーセント、ガラス・トイレ・照明器具が二〇パーセント、その他が五パーセントといわれています。「床清掃」に重点が置かれています。天井の蛍光灯の光が床面にどのくらい反射するかを測定しながら、床のクレンリネスを保つことに取り組んでいる店舗は数多くあります。

また用具の整頓をします。清掃用具は良質なものを用意しないと、良い成果が得られません。プロに学ぶべきポイントの一つは「道具」です。それを真似ることが必要です。

人通りの激しい場所、外気にさらされる往来でのワゴン販売等では、特に商品だけでなく包材やスタッフの服装までのクレンリネス体制を事前に作り上げることが清潔感徹底のポイントです。商品が砂ぼこりでざらついていたり、買い物カゴが手垢で汚れていたり、レジ周辺カウンターが雑然としていたり、スタッフの手指の爪や袖口、エプロン、靴など服装が汚かったりすることが、お客様の購入意欲を激減させるのです。

福祉の商品が売れないのは、クレンリネスに無頓着過ぎるところに原因の多くは隠れているのです。売場で、どんなに大声で「いらっしゃませ」「ありがとうございました」と挨拶をしても、汚れた指先、袖口のまま売場に立つのを放置してしまうと工賃支払を裏づける売上を確保することはできなくなります。売場での最優先のポイントは「清潔感」です。

私が勤務する法人では、スタッフに一年に二度の研究レポートの作成と提出を奨励しています。事務スタッフの鈴木幸子は「就職するなら明朗塾が目指す地域生活支援事業」と題して日中一時支援事業の請求業務にかかる手順書をレポートとしてまとめました。その中で次のように施設内でのお客様の行動を観察し、請求業務を把握しています。

X様は、私が当施設で働き始める以前からA店の清掃員として就職されている。毎週●曜日がX様の定休であるから月に四回ほど日中一時支援サービスをご利用になる。施設内作業には参加されず、漫画本と、携帯電話の画像を観て、イヤホンを耳にあてながら一日を過ごす姿を見掛ける。その姿以外、見掛けたことがない職員が多いだろう。

しかしX様は、朝の顧客ミーティング後、一人で女性トイレに入り、雑巾を絞り、膝を付き床拭きを始める。きちんと、一つひとつのドアを開け、個室の床も床拭きをされる。その姿に清掃員として働くプライドさえうかがえる。X様の休日は漫画を読んで過ごすだけの一日ではないのだ。X様の中では、一日のスケジュールがあり、やるべきことと、その後の時間の使い方を分けている。施設全職員のシフトの確認をし、就職して利用契約が終了したお客様、反対に就職を断念されたお客様まで把握している。週に一度の利用ではあるが、施設の変化に敏感で詳しい。しかし、この様なX様の一日の過ごされ方は、惜しくもケース記録に記載されてはいない。

日々のお客様の利用時間を現在進行形で確認しながら生活のリズムをとらえ、未来を見据えるには、支援者側の互いの確実な連絡が必要である。

しかし現状の報告状況は、事後になりがちで時間差を感じてしまう。先を考える連絡と確実な報告が利用率アップの要因の一つである。またこのとき支給量の見直しを提案する頭と心もまた必要である。

お客様は必ず特有の一日の過ごし方をなさっている。しかし、いつもどおりで収めてはいけない。それを見極め、情報共有し支援させて頂くことが、個別支援になるであろう。また日中一時支援とは、その先の支援の必要性が感じられなくなる本当の自立をされた喜びを感じることが出来る最終段階の支援であろう。

お客様に学ぶ姿が仕事の質を高めることを実感できたレポートでした。現場力は人を感動させるのです。

最高の笑顔をつくる

誰にも負けないほどの勉強をする究極の目的の一つは、権利擁護の姿勢を身につけることにあります。権利擁護は、一定の知識を修得すれば達成できるものではなく、虐待や差別をしないように努め続ける「姿勢」を身につけることです。

姿勢ですから、常に実践し続けることです。私が勤務する施設では権利擁護の実践とはすなわち「笑顔」にあると考えています。福祉サービス実践の現場では、常に笑顔でいることが大切です。お客様の前ではもちろんのこと、スタッフ同士の場でも疲れた顔を見せることや無表情でいることは御法度です。相手に不安と不快感を与えてしまうからです。

笑顔は日々のトレーニングでつくるのです。楽しくなければ笑顔がつくれないのではなく、笑顔をつくるから楽しくなるのです。

併せて東京ディズニーリゾートに導入されている「ディズニールック（全てのキャストが守るべき身だしなみのルール）」を参考にした「めいろうルック」を導入しています。清潔感に満ちあふれた身だしなみと礼儀正しい態度と最高の笑顔で日本一の福祉サービス事業所を目指す実践を続けること、これが誰にも負けないほどの勉強の一つのスタイルであると確信しています。

私が勤務する施設のスタッフが実践している「笑顔ミーティング」の進行マニュアルを紹介します。

笑顔ミーティング進行手順書〈第六六版〉（抜粋）

1．朝礼進行手順

1）開始前の放送と日報の下読み

■「まもなく朝の笑顔ミーティングです。職員の皆さんはメールボックスの中身を取り出して、メモと報告発表の準備をしてください。」（当番は、前日の情報共有日報を確認し伝えるべき要点をまとめる）

2）開始の挨拶【8時00分】

■「朝の笑顔ミーティングを行います。皆さん、前へお集まりください。まず、姿勢を正してください。かかとをつけて、ふくらはぎをつけて、腹筋を立て、胸をはって、手を前で組んでください。めいろうルックを徹底してください。それでは大きな声と笑顔で挨拶をしましょう。おはようございます。」「おはようございます。」

■「次に天国言葉を笑顔で唱和します。本日の朝の笑顔リーダーは○○さんにお願いします。」「はい。ありがとうございます。」

（一番熱い「視線」を感じた職員を選びます。）

■朝の笑顔リーダーが先導する。

「愛してます。ついてる。うれしい。楽しい。感謝してます。幸せ。ありがとう。ゆるします。」

3）報告・確認事項　※報告を受け、確認したら「はい。」

■「昨日の情報共有日報から、報告いたします。」（※前日の日報の重要ポイントを読み上げる）

■「昨日の遅番及び宿直報告をお願いいたします。」

※　公用車鍵の確認と施設立替金（¥5,000）確認、報告および引継ぎを行なう。

■「その他、職員から報告事項はありますか。」

※　欠席連絡を受けた通所顧客へのフォローを割り振る。連絡がなく欠席された顧客は顧客ミーティングで確認し、その状況を昼の笑顔ミーティングで報告する。

■「各作業チーム、職員の午前中の活動内容と公用車・業務用携帯電話使用予定の報告をお願いいたします。」

■「本日の電話当番を確認します。」「はい。○○さんです。」「公文式学習の個別支援担当を○○指導員。」「はい。」

4）今日のひとことニュース（全職員から発言）

■「続いて、今日のひとことニュースです。キャッチした情報、お客様からの喜びの声などを発表してください。当番の私から「5秒で」発表を行ないます。全員の発表終了後「ありがとうございました。」

5）終了の挨拶【8時15分】

■「それでは、只今から15分間、感謝の気持ちを込めて清掃を行なってください。」「はい。」

■「その後、公文担当と電話当番以外の職員は居室、館内を巡回し、担当顧客の生活上の支援のポイントを見つけてください。」「はい。」

「笑顔で愛情のこもった一人ひとりへの声かけをお願いします。」「はい。」

「今日も一日、よろしくお願いいたします。」「よろしくお願いいたします。」

2．昼礼進行手順

1）開始前の放送と日報の下読み

■「こんにちは。まもなく昼の笑顔ミーティングです。職員の皆さんはメールボックスの中身を取り出して、メモと報告発表の準備をしてください。」

2）開始の挨拶【12時50分】

■「昼の笑顔ミーティングを行ないます。皆さん、前へお集まりください。まず、姿勢を正してください。かかとをつけて、ふくらはぎをつけて、腹筋を立て、胸をはって、手を前で組んでください。めいろうルックを徹底してください。それでは大きな声と笑顔で挨拶をしましょう。こんにちは。」「こんにちは。」

■「次に倫理規定を唱和します。本日の昼の笑顔リーダーは○○さんにお願いします。」
「はい。ありがとうございます。」

（一番熱い「視線」を感じた職員を選びます。）

■昼の笑顔リーダーが先導　⇓　「就職するなら明朗塾の職員は、3つの目を意識しよう。」

職員揃って　⇓　「今の私の対応と、顔つきを見せられるだろうか？　1　お客様の家

族に　2　仲間や後輩、上司に　3　私自身の家族に
日本一の心優しいサービス精神で、最高の笑顔を届けるのが私たちの仕事です。」
■朝の笑顔ミーティングの要点を報告する。
3）報告・確認事項
■遅番からの報告を確認する。
■本日の欠席者に対する家族へのフォローの状況を、担当指導員へ確認する。
■「その他、職員からの報告事項を確認します。」
■「本日の風呂当番を確認します。」「送迎・引下げ担当を確認します。」「安全当番（通所顧客の見送り確認係のこと）を確認します。」「おいしい当番（宅配弁当の弁当箱洗浄の作業担当のこと）を確認します。」「よろしくお願いします。」
4）今日のひとことニュース
■「続いて、今日のひとことニュースです。朝の笑顔ミーティングに出席していない職員は5秒で発表してください。」　全員発表終了後「ありがとうございました。」
5）終了の挨拶
■「それでは、全職員で居室、館内を巡回し、顧客ミーティングに参加してください。」
「午後からもよろしくお願いいたします。」「よろしくお願いいたします。」

目標設定をする

目標とは、施設長が自分の心の使命（＝志）を実現させようと自発的・能動的に求めるゴールのことです。具体的には、人の幸せのために今よりもっと良くなる社会への希望と行動の決意やスタッフの成長を強く願うことです。目標（ゴール）とはたどり着くべきところではなく、常に今よりも良い状態を目指し現状に満足しないという姿勢のことです。

「目的」と「目標」は異なります。目標は測定可能でなければならないので曖昧にしないことです。人財育成環境を整えるためには「数値目標」が、お客様の姿を明確にして経営の安定に必要な固定客づくりのためには「状態目標」がそれぞれ必要です。施設・事業所の果たすべき使命をスタッフと共有し、この使命がスタッフ自身の価値観に合致し、自らの目標達成に役立つことを伝えなければならないのです。

アウトプットする

勉強の一環として、本を読んだり研修会に参加したりすることがありますが、情報入手型の勉強は学んだことをアウトプットすることで完成するのです。逆にアウトプットしようとすれば十分なインプットが必要となりますから自然に情報入手を自分に課すようになります。研修を受講するときには、次回は目の前の講師に代わって自分が講師役を務めるのだ、と考えながら受講します。受講中に手許で作成すべきは「受講メモ」ではなく「講義用メモ」です。

アウトプットとは、自分の思いを目に見える作品に仕上げることです。具体的には「レポート」として発表すること、メルマガやブログを発行すること、学会や研修会等で発表することなどです。自分の思いを伝達するには様々な形でのコミュニケーション能力やプレゼン能力を高めることが必要ですが、これは自然に身につくものではなく意図して習得しなければなりません。

モデルを見つける

勉強の具体的な方法として、モデルを見つけることは有効です。現場での支援には様々な形があります。取り組むサービス事業により現場ごとに目指すべき目標が異なるでしょうが、「自分が取り組んでいるサービスで日本一の成果を上げている事業所はどこか?」「自分と同じ職種で日本一の人は誰か?」という質問に即答できますか。

野球少年が特定のプロ選手を目標としたり、ベンチャー企業が上場を目指したりするようにどんなことにも一流のレベルがあって、最高の成果を生み出している人がいるのです。効率的な勉強方法の一つとして、最高の人を見つけてその人に直接教えを請うことを考えてください。私自身は静岡県御殿場市にある富岳会の山内令子理事長を施設経営の師と仰いでいますが、あなたも是非自分のモデルを見つけてください。

私たちは福祉の現場で働いているので、誰でも現場を知っています。福祉行政を批判するときに、よく言われる言葉は「役人の机上の空論」「役人による会議室の理論」ですが、私たちの職場は「現場」には違いないのですが「自分の職場」に過ぎず、他の福祉現場を一体どれほど知っているのでしょうか。単に自分の職場を知るに過ぎないことを「現場を知っている」と表現することに問題はないのでしょうか。

福祉の業界に限らず現場には、その組織独自の人間関係や社風、文化、歴史があります。同じ業界であるならば同様な「作業」が展開するでしょうが、人間関係等は職場によって大きく異なるものです。私は今までに異なる業界四ヵ所に所属しましたが、そこでの作業内容は当然のこと、人間関係のスタイルは大きく異なりました。

では、どの福祉現場にも共通するものはあるのでしょうか。

自分が働く職場の情況や事情を基に、どの職場にとっても必要なものを提案していくことは可能です。その提案の方法は、自分の職場の都合によるものではなく、他の職場の都合を思いやる心から発しなければなりません。自分の職場にとって必要不可欠だと感じることが、他の職場にとってどのような意味をもつことになるのかを考えないままに発言し、行動することは慎まなければならないことです。自分の組織の社風・文化・価値観とは異なり、自分を否定するかに見える文化・価値観に基づく発言・行動をも受け止める器量のある人の発する声が、本当の「現場の声」というものです。

セルフコントロールする

心理臨床の研修の一つに、教育分析があります。自分自身が心理臨床のプロにカウンセリングを受けると自分が一体どういう人間であるか、と自問自答する契機が得られます。是非受けられることをお勧めします。自分は何者なのか、自分は何色に染まっているのか、何に怒りやすく、何に感動しやすく、何に優しくしたがるのか……。他人と異なる自分に気づかなければ、自分を受け入れ自分を好きになれないのです。

自分を大切に感じ、幸せに感じられるから、他人・お客様を心から大切に思えるようになるのです。カウンセリングを受けて自分が大きく包まれているような安心を是非感じてください。現場での対応の中でお客様が同じように安心感を得られるようにしたい、という強い使命観が自然に生まれてきます。

自らの運命を呪い、職場の中の人間関係に疲弊し不平不満を抱いている人は、他人の幸せのために寝食を忘れて働くことなどできません。

米国人牧師のウィル・ボウエン氏は「ほかの人の欠点が目につくということは、あなた自身がもっているその性癖を気づかせ、直させようとする、天の配剤です。ほかの人の欠点を指摘したいと思ったときは、それはもしかして自分の欠点でもあるのではと考えてみましょう」（ウィル・ボウエン『もう、不満は言わない』（原題：A Complaint Free World）サンマーク出版、二〇〇八年：八三ページ）と述べています。「人を変えたいのなら、まず自分が変わらなければならないのです」（前掲書：八八ページ）「私たちの求める変化は、けっしてどこか外にあるのではなく、自分自身の中にあるのです」（前掲書：八九ページ）。

禅問答のような表現になりますが「お客様に求めていることと自分に求めていることは同じ」なのです。自分がどのような長所をもっているかが分かれば、必ずお客様の期待に応えることができるのでしょう。自分を知る、とは自分の長所、最高のパフォーマンスに気づき、それを発揮できるようになることなのです。勉強の目的の一つは、自分を知ることにあると考えてください。

リスクマネジメントをする

二〇〇九（平成二一）年は新型インフルエンザ対策の一つとして「事業継続計画」（Business continuity planning：BCP）策定が注目されていました。「事業継続計画」とは、新型インフルエンザに限らず事故や自然災害なども含めた外部要因によって施設・事業所の業務の遂行体制にダメージを受けたときにあっても事業の継続を追求する計画のことです。やむを得ない事業の縮小や停止によってダメージの連鎖を引き起こさないようにするためのリスクマネジメントです。自事業所のためのみならず他事業所のための計画書と見なすこともできます。「事業継続計画」策定には中小企業庁が作成した「中小企業ＢＣＰ策定運用指針」が参考になります。

また平成二三年度厚生労働省社会福祉推進事業の「突発的に発生する緊急事態における社会福祉

事業の継続に向けたモデル事業継続計画（ＢＣＰ）策定とその普及事業」㈱浜銀総合研究所　経営コンサルティング部）の報告書も参考になります。

新型インフルエンザ対策は、主として三つの要素が考えられます。「事業継続計画」「感染予防対策と治療」「情報収集」です。この三つの要素を混同せずに整理しながら「事業継続計画」を策定する必要があります。外部要因により、事業の縮小・停止を余儀なくされる事態への対処計画ですから「動けなくなった状態に追い込まれたらどうするか」ではなく、「(残念ではあっても、主体的に）動かないという決定をして、そのときの被害を最小限に抑え、くるべき再開にどう備えるか」という発想がポイントになります。

事業継続計画には「判断基準」と「行動予定」を含めます。この「判断基準」はあらかじめ定めておいて、その緊急事態が発生した場では評価・検討しなくて済むようにします。これはちょうど航空機の離陸のときのパイロットの行動に似ています。航空機のパイロットの操縦における手順はあらかじめ決められていて、例えば離陸滑走を始めて八〇ノットに達するまでに何らかのトラブルが発生したときには「離陸するかしないかの判定・検討をせずに」離陸を中止します。またＶ１と呼ばれる離陸決心速度に達した後は、何らかのトラブルが発生したときは「離陸するかしないかの判定・検討をせずに」離陸します。すでに安全に滑走路上に停止できる状態が過ぎてしまっているからです。航空機の操縦は、人の生命が懸かっていますから過去の数多くの事故を教訓にこのような行動が手順として定まってきているのです。

この考え方に基づいた手順を「事業継続計画」に含めていくという発想を持つことが重要なので

す。外部要因によって事業の縮小・停止を余儀なくされる事態は「緊急事態」であり「非常事態」です。事業方針を判断したり検討したりする余裕が十分にはありません。このようなときは判断を誤る可能性が高くなります。ですからあらかじめ判断しておくのです。

この事業継続計画策定のときに含めるべき「判断基準」と「行動予定」について次の二点を熟慮してください。

①減速するのは停止に備えるため

例えば「スタッフの二割が欠勤したら中核業務の五〇パーセントを縮小する」という判断基準と行動予定です。業務縮小は、業務停止状態になったときの影響・損害をいかに少なくするかの準備をするために必要なことと考えるのです。減少した人員でフル稼働を継続したら次に備えた手を打つための人員がいなくなるからです。

②停止するのは再開に備えるため

例えば「職員の五割が欠勤したら中核業務を停止する」という判断基準と行動予定です。業務停止は、業務再開に備えるために必要なことと考えるのです。

カジュアル衣料「ユニクロ」を中心とした企業グループ持株会社であるファーストリテイリングの柳井正代表取締役会長兼社長は、「会社というのは、何も努力せず、何の施策も打たず、危機感を持たずに放っておいたらつぶれる、と考えている。（中略）常に危機感を持って会社経営をすることが正常（中略）会社経営をしたことのない人は、危機感がなく順風満帆なことが正常だと勘違いしている。危機感を持ちながら経営しない限り、会社は継続しない」（柳井正『成功は一日で捨て去れ』新潮社、二〇〇九年：三五～三六ページ）と危機感をもつことの必要性について述べています。

まさに「事業継続計画」を策定するときの心構えともいうべき言葉です。さらにいえば、「事業継続計画」を策定することそのものが「経営」なのだと気づくこともできます。危機感をもちながら経営することで結果的に安定が手に入れられるということなのです。経営とは危機感をもちながら成長を求めて奮闘努力し続けることであるという「経営観」「経営者観」は、その場に立った者でなければ気づけないことなのでしょう。柳井氏のアドバイスを大切に活かして是非「事業継続計画」策定に取り組んでください。

9 仕事の完成とは何か

仕事の完成とは、あるレベルへの到達のことではなく、向上を求め続ける姿勢を手にすることです。これでよしとしない、妥協しない、こういう覚悟をもって取り組み続けること、改善し続ける状態にあることが「仕事の完成」なのです。だから仕事の完成とは「姿勢の獲得」「習慣の獲得」ともいえるでしょう。

日頃の福祉サービス提供の中でクレームが発生することがあります。あなたはクレームが発生したときに「すぐに対処すべきだ」と考えるのではないでしょうか。問題が発生したときに、すぐに対処することは当然大切なことです。そのこと自体に間違いはありません。

ところが、この「対処する」という言葉には大きな落とし穴があるのです。問題が発生したときに本当に大切なことは「解決すること」なのですが、解決までには至らずに「対処する」という行動で留まるケースが頻発するのです。そして、「対処」を「解決」と思い込んでしまうのです。解決までに到達している対処ならばよいのですが、徹底的に解決することは意外に至難なことなのです。

例えば、福祉サービスの利用料の請求時に、お客様から何らかの疑問（クレーム）が発生したとします。このクレームを受けた担当スタッフは、すぐにこの請求に至る事実確認や請求行為の点検をします。自分自身で点検と確認ができるならよいのですが、他のスタッフや他の機関に確認を依頼することもあります。これらの確認作業に取り組むのは、お客様からのクレームに対処しているのであり、その行動はお客様の満足度を向上させるための熱い思いがエネルギー源になっています。

ところが、お客様は、点検や確認の行動そのものには満足しません。

お客様にとっては、利用料の請求書に対して抱いた「疑問が氷解すること」と「納得できること」がゴールなのであり、疑問の氷解と納得に至らなければ、いかに私たちが努力しても満足には至りません。こちらはお客様のクレームに対応して点検・調査という行動をして誠心誠意「対処」をしていますが、お客様にとっては「解決」していないので満足は得られません。

この点を、理解しているかいないかが、お客様に安心を届けられるサービスができる専門家・プロなのか、素人域のスタッフなのかの分岐点になります。

福祉サービスは、対人サービスですから、サービスの受け手である本人・家族が得心のいくレベルに至らなければ、いかに「一生懸命やっています」と主張したとしても、お客様にとっての安心にはつながらないことを覚悟すべきです。

本当に厳しいことです。スタッフを育てる場面では「結果よりプロセス」が大切です。しかし、お客様にとっては「プロセスより結果」です。このことを自分に厳しく課して行動することが、福祉のプロには求められています。

自分の仕事に満足してしまうと、うまくいかない理由を外部要因に求めるようになります。㈱サイゼリヤ創業者の正垣泰彦氏の著書『おいしいから売れるのではない　売れているのがおいしい料理だ』（日経BP社、二〇一一年）は、経営理念がぶれない事業経営を知るのに非常に有益な本です。

お客様の満足は、TPOS（時と場所と状況とスタイル）で変わるから、お客様の嗜好に合わせ徹底的に変えていくにはたくさんの「ものさし（価値観・判断基準）」をもたなければならないのです。その時その場に応じた「ものさし」に持ち替えなければならないということに気づかされます。しかし、正垣氏の言葉からは、その「ものさし」の持ち方、当て方は変えない、という意志が感じられるのです。

福祉業界にあっても、業界に通用するものさしは唯一ではないはずですが、そのためには正垣氏のように他業界にあって輝ける人の思考に出合うことが不可欠です。

㈱サイゼリヤの基本理念は「人のために・正しく・仲良く」というものです。㈱サイゼリヤの経営者がいかに自分を厳しく律してきたかを知れば知るほど、だから繁盛し続けているのだと感じ入るとともに改めて書名が心に響きました。

福祉業界に書名を当てはめるならば「介護・支援が良いからお客様が利用してくれるのではない、お客様で繁盛している施設の介護・支援が良いサービスだ」となります。自分の仕事の出来不出来は自分で決めることではなくお客様が決めることなのです。介護・支援の成否は、自分で決められることではないから「自分の仕事に満足するとき」はそもそも訪れないという覚悟が大切ですし、にも関わらず満足したいと思ったときはお客様視点が曇ったというシグナルなのです。

施設でのスタッフ側の都合や、人員配置などの限界の中で「できる範囲内での最善の努力」をしてはいますが、そのことをもってよしとすることは許されないのです。少なくとも「最善どころか、とても不十分なサービスに留まっている」と認識したうえで改善の手を緩めないことが大切なのです。

経営者がスタッフに指示を出す場面における、仕事に対する満足を戒める大切さを㈱ワタミの渡邉美樹社長は「やりなさいだけじゃ、とどめは刺さらない。やったかどうか、それを現場に行って現実を見なければいけない。さらに、現場で現実を見て「よし、やった」と確認しても、まだそれだけでは不十分である。さらに、一週間後にまだ「やっているか」を確認して、そこで「とどめ」を刺す。それが仕事というものだ」と述べています（渡邉美樹『きみはなぜ働くか。』日本経済新聞出版社、二〇〇六年：九六ページ）。

10

「職業選択の自由」の本当の意味

施設長が、真の業界人・仕事人になるためには、自律的・自発的・能動的に行動をすることが大切です。

日本国憲法第二二条第一項には、「何人も、公共の福祉に反しない限り、居住、移転及び職業選択の自由を有する」とあります。

障害者就職支援現場において「職業選択の自由」の理念はとても考えさせられます。「本人の労働能力を活かした作業」という言葉や、その労働能力の判断を一体誰がどのような根拠に基づいてするのか、などという議論を聞く度にこの憲法第二二条第一項の条文が浮かんできます。

どのような仕事をするのか、という話し合いに交じり込むのが「どのような作業をするのか」という思考です。職業能力判定の実態は間違いなく作業能力判定です。障害者にとって本人の能力を発揮できる作業と巡り合うことはとても幸せなことのようですが、本人の能力の発揮は「作業そのもの」よりも「職場の人間関係」にこそ大きく影響をされます。同じ作業を遂行するにあたり、冷たく見下した目でノルマを課して、にも関わらず本人の能力を引き出すことに積極的に関わっていると思い込んでいる人々と、そうではなく本人の能力発揮の可能性を信じて期待する人々と、そのどちらが自分の周りにいるかで、実際に発揮できる能力は大きく変わるのです。

ですから労働能力評価とは、障害者本人を計測するのではなく、雇用する側の能力を測定すべきものなのです。この点から見れば「合理的配慮」こそ測定対象とすべき中核なのです。

「職業選択の自由」とは、どのような仕事をするか、どのような「作業」をするかについての自由ではないのです。作業選択や仕事選択、職場選択ではなく、仕事を通じて他人のために貢献する、その貢献の仕方についての自由のことなのです。どのような手段で他人のために貢献するかは、他人に規定されるのではなく誰もが自分の意志で決定する自由をもつということです。このように考えるならば、条文前段の「公共の福祉に反しない限り」という文言は不要にさえなるのです。

同じ作業でも「誰のためにするのか」で意義が異なるということです。職業選択の自由の本旨はこの部分にあり「どの作業をするのか」の部分にあるわけではないのです。私たちは職業選択の自由という言葉を「生き方の自由」というところまで深めて考え抜く責任があるのです。

仕事の目的は、他人を幸せにすることです。幸せにする手段としていろいろな作業があるわけです。

「今の自分の仕事が世の中から『昇華』してしまうのが一番よいことだ」と考えてみたことがありますか。世の中には昔は存在したけれども今はなくなってしまった仕事というものがあります。その仕事がなくなったことで不便になったわけではなく、不要になったのです。世の中が変化する証拠でしょう。自分の仕事が永遠に続くことの本当の姿は「自分が他の人のために貢献する、という生き方が永遠に続くこと」ことですから、今の作業が永遠に続けばよいということではありません。

ですから今の作業がなくなっても生き方が変わらなければよい、と考えて今の自分の仕事が世の中から不要になるほどの大きな変化・成長が生まれたならばそれはどういう世の中だろうか、そのときの人々はどのような幸せな生き方をしているだろうか、と考えてみることは大切なことです。

11 改善より大切なもの

二〇一一（平成二三）年一二月に高知県の「ネッツトヨタ南国」㈱ビスタワークス研究所）を私が勤務する法人スタッフや仲間と共に視察しました。多くのことを学びましたが、横田英毅氏の講演から感じたエッセンスの一つを紹介いたします。

ネッツトヨタ南国は、自動車ディーラーですが、訪問販売形式からショールーム販売形式に切り替え、同業一位の顧客満足度を維持し続ける実践で有名です。

「訪問販売から、ショールーム販売へ替えるきっかけは『改善』からは生まれない」

横田氏のこの一言は、私にとって「改善」に対する私の意識を変えた言葉でした。販売方法を替えるからには「捨てる」ものがあります。例えば「敏腕セールスマン」という、それまでの販売方法になくてはならない大切な人財の活躍の場を奪うことになります。販売形式の変更は、新しい価値観での人づくりを始めることだったのです。このことによって対象となるお客様の姿も変わりました。販売する商材（自動車や整備サービス）は変わらないのに、社員もお客様も全く様変わりしたのです。このようなことが起こっている会社なのです。

他人が垣間見れば、その職場で生じているのは、小さな改善の積み重ねの連続に見えますが、実際に生じているのは「もっとよいことを求める改善」のレベルを超えていたのです。

もっとよい訪問販売を追求していった先に「ショールーム販売」が自動的に登場したのではなく、革命的な変化があったのです。社員の所属を超えたプロジェクトチームの存在とか、横田氏の志とか、その熱を高める要素はたくさんありますが、それが一〇年を超える年月を経てもたらした革命的変化の結果からは、日々の改善の積み重ねだけからは生まれ得ないものを求める志を見ることができます。

さて、私たちが勤務する福祉業界において、改善を超える変化をもたらす志とはどういうものでしょうか。このことを集中して思考し、行動し、成果を上げたいものです。このような思いは、福祉業界以外の日本に冠たる企業を視察し、学び続ける行動を通じて得られるのです。

ネッツトヨタ南国を視察した翌日、「ワークスみらい高知」の竹村利道氏にもお会いしました。

「仕事ください」というスタンスから離れた竹村氏の実践は、次のようなベーシックインカムと共通の要素、すなわち「福祉の課題を福祉の土俵だけで解決することを求めない」という、今やはっきりと分かっている解決方法であるにも関わらず、その方法を選びたがらない多くの人々に「勇気と確信」を与えてくれました。

二〇一二（平成二四）年一月一三日付け毎日新聞朝刊の「経済観測」欄に北海道大学の宮本太郎教授の「ベーシックワークという構想」という文章が掲載されました。一部を引用します。

生活保護の受給者が二〇六万人を超えた。条件次第では就労が可能な「その他世帯」も17％に達している。被災地では、巨額の復興資金が投入されているにもかかわらず「震災失業」に起因する生活危機が広がる。

（中略）いっそのこと生活保護や年金などに代えて、国民全員に一律に現金給付する「ベーシックインカム」を実現しようという議論も出てくる。

だが、仮に財源の問題をクリアできたとしても、ベーシックインカムで人々が社会に参加しつながりあう条件は確保されるか。むしろすべての成人に一定時間の就労の権利を保障しようとする「ベーシックワーク」とも言うべき考え方に注目するべきではないか。例えば、1996年のローマクラブのリポートでイタリアのエコノミストのジアリーニらが提起した構想である。

政府と自治体が責任をもって、一八歳から七八歳までの男女に、地域密着型の事業などで週二〇時間の就労を保障する。公的扶助の財源の一部をこちらに転用する。最低賃金を守る雇用とし、これに給付付き税額控除などを組み合わせることで、生活可能な所得を実現する。技能やコミュニケーション能力を身につけ一般的就労につなげる「中間的就労」という機能も持たせる。かつての日本の「失業対策事業」は閉じた世界となってしまったが、一般的就労との連携こそが大切だ。

被災地では、寄付金などで被災者を雇用しながら復興事業を進めるキャッシュフォーワークと呼ばれる試みがある。地域の取り組み次第ではこれは正夢になりうる構想なのだ。

福祉業界を世の中全体の中でのポジションを見失うことなく考える大切さを忘れてはならない、という一つの警鐘とも感じます。

障害者の就職支援が、日本全体の失業者に対する支援として果たすべき役割とつながっているかが問われていると捉えるべきなのです。

12 「施設長（自分）こそが病原である」に気づけるか

高速道路を運転していて先を急ぎたいときは、遅い車を邪魔に感じます。隙あらば遅い車を追い越そうとして右側の追い越し車線へと進路変更をします。ところが追い越し車線へ進路変更してもその車線に自分より遅く感じる車がいると、その車の後ろについて連なって走らざるを得なくなります。

左側の走行車線とをジグザグで走り抜ける車も見受けられますが、追い越し車線にずっと居続けることで何とか早く先に行きたいという気持ちを紛らわします。

この走り方が、渋滞を引き起こす原因だとしたら……と考えたことがありますか。渋滞学の権威、西成活裕東京大学教授が渋滞回避について語った日経トレンディの記事（日経トレンディネット：http://trendy.nikkeibp.co.jp/article/pickup/20090428/1025879/）があります。

自分は渋滞の「被害者」とばかり思っていたけれど、実は自分こそが渋滞を作り出す「加害者」だったということに気づけます。

自分こそ被害者だと思い込んでいたのに実は犯人だった、という気づきは職場の中でもあります。

例えば、お客様への対応が不十分でクレームか発生したとします。そこで施設長はスタッフに向かって急いで個別対応をするように指示をします。スタッフは指示に従って、現在の作業から手を離してそれに取り組みます。即時対応ができて一件落着。施設長は自分の機敏な指示とそれに応じた素直なスタッフに満足します。勿論お客様も納得してくださるでしょう。

しかし、スタッフがそのときに手放した作業はどうなったのでしょうか。この例は目の前にお客様がいるわけですから、他の仕事が遅れたとしても理由はつくでしょう。ところが施設長がスタッフに指示する仕事はそういうものばかりではありません。自分が発した急ぎの仕事の指示が全体の遅れを招いてはいないかどうかの点検をする必要があります。

施設長の指示はいつでもスタッフの現在の仕事に優先する、と知らず知らずのうちに思い込んでいるとしたら、追い越し車線に居座っているのと同じことになります。このことは施設長に限ったことではありません。職場ではほとんどのスタッフが複数の作業を抱えており、限られた時間の中で優先順位をつけながら仕事をしているでしょう。その自分の優先順位のつけ方が、全体の遅れを招いているという可能性を考えたことがありますか。自分は後でもよいだろうと悪意は全くなく考えたとしても、そのことが他のスタッフやお客様に不便をもたらしていることはあるのです。

むしろ「あるはずだ」と考えて自分の仕事の優先順位を考え直す必要があります。仕事を怠けているとしたら論外ですが、一生懸命、バリバリ働いていてもその働き方が他の人に不便をかけているかもしれない、と思わなくてはなりません。自分の都合とか自分の好みを大切にしようという思いは、時にチームワークを乱すのです。

このように考えるからこそ、職場の全ての仲間に感謝できるのです。

ハンガリー人医師であったセンメルヴェイス・イグナーツ（一八一八〜一八六五）は、一八四六年オーストリアのウィーン総合病院産科に勤務し始めたとき、産褥熱《さんじょくねつ》（産道から細菌が入って発症する敗血症）の猛威に立ち向かうことを自らの使命と決意しました。当時のヨーロッパでは産褥熱が流行し死亡率が三〇パーセントを上回ることもありました。産褥熱の原因は不明で、効果的な治療方法は見つかっていませんでしたが、劇症の苦しみの果てに若い命を奪われてゆく母親たちの姿や新生児の泣き声、家族の悲嘆にくれる情景といった不幸を終わらせなければならないと決意したのです。

センメルヴェイス医師は、ウィーン大学の二つの産科における死亡率の違いにまず着目しました。医師が関わる産科と助産婦が関わる産科とでは、前者の死亡率が圧倒的に高かったからです。この死亡率の差が産褥熱の原因になるとセンメルヴェイス医師は考えました。

一八四七年三月、職場の友人の医師が急死した。その死因は死体の病理解剖を行っていた際、メスで腕を傷つけたことでした。またその発病から死に至るまでの過程や死体の解剖所見が産褥熱と酷似していたことに気づいたのです。そのことから産褥熱の原因は死体にある毒素ではないか（パスツールがこれを連鎖球菌と発見するには一八八九年のことです）と推測したのです。死体の解剖を行う医師が関わる産科のほうが死亡率が高いことはこれで説明がつきます。この仮説を検証すればするほど、当時の医学界に衝撃を突きつけることとなりました。原因究明のために熱心に死体の病理解剖に励んだことが原因で結果的に多くの女性を死に追いやってしまったことになるからです。センメルヴェイス医師は自分こそが恐るべき殺人者だったことに気づいたのです。当時は、清潔や不潔という概念も浸透しておらず、院内での細菌感染が起こっていたのです。

医師の手によって何らかの毒素が産婦に伝染し産褥熱が発症するならば、医師の手から毒素を取り除くにはどうしたらよいのか。試行錯誤の結果、塩素水消毒とブラシ洗浄を組み合わせた方法をあみ出しました。これは物理的洗浄に化学的消毒を組み合わせた今日でも行われている消毒法です。しかし、当時の医師には手を洗う習慣などなく、器具も使い回しが当たり前で、理解が得られませんでした。

そこでセンメルヴェイス医師は産科の入り口に陣取って、手洗いの実施を強く訴え続けました。その効果は顕著で手洗い開始前には一八・二七パーセントもの死亡率でしたが、開始後わずか一ヵ月で一二・四パーセント、そして一八四八年には一・二七パーセントと劇的な改善を果たしたのです。一八四六年には出産三三五二件のうち、産褥熱により四五九名もの妊婦が命を落としていたものが、一八四七年には三三七五件で一七六名、一八四八年に至っては、三五五六件で四五名と、遂に助産婦が関わる産科よりも低い水準まで到達したのです。

センメルヴェイス医師の仮説が正しいことは誰の目にも明らかなものとなりましたが、同僚の医師たちからはその功績を認められませんでした。仮説を受け容れることは、産褥熱は自分たち産科医の汚染された手が持ち込んだ病気であると認めることになるからです。自分たちこそが多くの罪のない妊産婦を殺してきた事実を受け入れなければならなくなるからです。

医師にとって容易に受け入れることのできない学説を発表したセンメルヴェイス医師は、一八五〇年ウィーン総合病院を追われ、故郷ハンガリーに戻り聖ロック病院産科に無給で勤め、一八五五年ペシュト大学の産科教授に就任し、自らの仮説に基づく予防法を徹底し一八六〇年に病院内での産褥熱死亡者ゼロを達成します。

そして、若いとき友人の医師の命を奪い、今なお妊産婦の命を奪い続ける敗血症に罹患し、一八六五年八月センメルヴェイス医師は、この世を去りました。

死後フランスのパスツール、ドイツのコッホによって細菌学が樹立され、センメルヴェイス医師の推測した毒素は化膿性病原菌であることが明らかになりました。センメルヴェイス医師の推奨した感染症予防法が極めて有効であることもまた証明されたのです。

医療行為が原因で生ずる疾患のことを医原病と言います。医療関係者の善意・熱意に関わらず、医療行為によっては患者を害する可能性があることは否定できないのです。医師に限らず、自分の仕事が他人の役に立っていないどころか他人への害になっている、と考えることは辛いことです。人を助けることに「生きがい」や自己の存在意義を感じている人々にとっては、自分が反対に加害者になってしまっている可能性を疑うことは苦痛以外の何物でもないのです。

センメルヴェイス医師が、自分が殺人者であることを認めることができたのは、妊婦が産褥熱で死亡するのは仕方がないという当時の常識の中にあっても、それを見過ごさなかったからです。それに立ち向かう勇気を持っていたからです。たとえ医学界の権威から黙殺されようとも妊婦の命を救うことを諦めなかったからです。

しかし、今だから「当時」と言えますが、当然のことながら、当時は最新の先端医療を駆使している医師たちです。患者の命を軽視している医師など一人もいないことは今も昔も同じです。当時の多くの医師たちを軽蔑することはできません。

そのうえで、このエピソードを私たち福祉施設の施設長に当てはめてみて、自分こそが高齢者や障害者・子どもを苦しめている加害者だという前提で検証してみる必要があるのではないでしょうか。例えば、認知症の原因は高齢者施設の介護にあるとしたらどうでしょう。障害者の自立を妨げる主因は障害者施設が作成する個別支援計画にあるとしたらどうでしょう。母子の愛情の絆の喪失の原因が保育園にあるとしたらどうでしょう。

今の社会保障制度の中の常識や受け入れざるを得ない限界の中で、自分の思考と行動が、高齢者、障害者や子どもの命をも奪っている可能性を忘れてはならないです。

大規模入所施設などすでに欧米では否定されている、と障害者の地域移行の推進を声高に提唱する人も、大規模入所施設の導入が歓迎された時代に生きた先人の志を尊敬しなければならないでしょう。今から三〇年前の福祉の常識が、現在は通じないことがあるように、今、誰もが疑わない福祉の心が三〇年後には否定されることがあるのです。しかしそれを三〇年後の人々は「進歩」と呼ぶのです。自分たちの子孫の世代が今より進化することを願うならば、今の常識と自分の価値観を謙虚に検証しなければならないのです。

13 iPS細胞の四つの遺伝子が教えるもの

京都大学iPS細胞研究所所長の山中伸弥教授は、分化した体細胞から身体のどんな器官にもなり得る分化多様性のある万能細胞に戻すという「細胞の初期化」に成功し、二〇一二年ノーベル生理学・医学賞を受賞しました。約三万種類ある遺伝子の中から、驚異的な短期間の実験で、初期化に関わる四つの遺伝子（山中因子）を特定したのです。それまでの再生医療は受精卵を使用するという倫理的な課題を抱えていましたが、万能細胞（iPS細胞）ならば、受精卵を使わずとも体内のどんな器官にも分化し得るので再生医療に大きな未来を切り拓いたのです。

この成果は、人の細胞の再生の話ですが、人が生まれて成長し、成人して社会人となり、仕事について世のため人のために尽くす人生もまた「どんな器官にも分化し得る」という現象そのものです。細胞の初期化には四つの遺伝子が関わるという山中教授の発見における四という数字には何か不思議な力を感じます。

人も成長にあたっては四つの重要な因子（ファクター）が関わっているのではないでしょうか。iPS細胞研究所が実験で解明したようにはいきませんが、人の成長の四ファクターは「学ぶこと」「自分が受け取ったものを引き継いでいく志」「感謝の心」がそのうちの三つではないかと私は感じています。あと一つは、読者のあなたに探求して欲しいと思います。

あとがき

「はじめに」にも書きましたが、本書『施設長の羅針盤《コンパス》』は、施設長が自ら経営する組織の持続可能性を高め、サービス品質向上へ向かう経営の針路決定のヒント提供を主眼としてまとめました。

組織の持続可能性は、ピーター・ドラッカーの言う「事業の目的は、顧客の創造である」（本書168ページ）という名言に待つまでもなく、第6章「10「職業選択の自由」の本当の意味」でもお伝えしたとおり、仕事の目的である「お客様を幸せにすること」を前提として追求すべきものです。

福祉施設・事業所の施設長、スタッフの提供するサービスが「ここの老人ホームに入って余生を全うしたい」と誰もが想うくらいであること、「障害者に生まれたかった」と誰もが想うくらいであること、「我が子をここで育てたい」と誰もが想うくらいであることが、サービス品質向上へ向かう本当の針路なのですが、このような究極のサービスが、福祉施設・事業所「で」提供されなければならない理由はありません。今後、社会のもつ機能に中に実現されるのであれば、福祉施設・事業所はなくなっても構わないものです。しかし、施設長、スタッフの生き様として、お客様（高齢者・障害者・子どもとその家族）を幸せにすることに身も心も尽くし続けることを求めていくならば、その第一歩として「組織の持続可能性」を目指すべきなのです。「組織の持続可能性」は

「志の持続可能性」があってこそ価値をもつものなのです。

映画「パイレーツ・オブ・カリビアン」に出てくる北を指さず、持ち主が心から欲するもののありかの方角を指すコンパスは、GPSによるナビゲーションシステムではないので、目標をピンポイントで示すことはありません。目標は施設長が決定するものです。目標へ至る手段も、到達期限もまた施設長が決定するものです。そして目標は施設長の生き方です。志そのものです。施設長が目標に向かい続ける情熱をもち、しかし自分の常識を疑う勇気をもつほど謙虚で、何より世のため、人のためを優先する誠実さをもつならば、乗組員であるスタッフは船長である施設長の背を見て、一人ひとりが自らの生き方を問いつつ生きていくでしょう。

読者であるあなたの経営の進むべき針路決定の参考になれば幸いです。ここまでお読みいただきありがとうございました。

前著『施設長の資格！』同様、中央法規出版株式会社の飯田研介氏と新たに今井紗代子氏にご尽力いただき出版にこぎ着けることができましたが、二〇〇九（平成二一）年秋にオファーをいただいてから三年半が経ってしまいました。本書の中心テーマの一つである「社会福祉法人の社会貢献」についてほぼ稿がまとまったところで、東日本大震災が起きました。私が考えていた「社会貢献」は、震災復興支援のことではなかったのですが稿を一部改めました。

また、メルマガ『施設長の資格！』は現在まで約六年一五〇号を超えて継続して発行していますが、読者の皆様から応援メールが執筆のエネルギーともなりました。ありがとうございました。

障害福祉施策に関する思索を深める機会と場を与えてくださいました千葉県社会就労センター協

議会と関東社会就労センター協議会の関係施設長の皆様、全国社会就労センター協議会役員の皆様、全国社会福祉協議会高年・障害福祉部と日本セルプセンターの職員の皆様、日本セルプ士会の同志に深く感謝いたします。

私が勤務する社会福祉法人光明会の「何があっても見捨てない」生き様を見せてくれる人情肌の小澤定明理事長をはじめ、「就職するなら明朗塾」「就職するなら明朗アカデミー」「明朗ワークス（八街市障がい者就労支援事業所）」「インディペンデンス」のスタッフ全員に感謝いたします。本書の中に紹介できた様々な発想は、全て一人ひとりのスタッフの現場実践がヒントとなっています。全スタッフの実践と検証があればこそこの本が生まれました。全スタッフの氏名を記して深く感謝の意を表します。

最後に、私の思考や執筆を支えてくれている両親、妻をはじめとする家族全員に感謝を捧げます。

参考図書・サイト一覧

はじめに

内藤晃『施設長の資格！』中央法規出版、2009年
P.F. ドラッカー『現代の経営［上］』（原題：The practice of management：1993）、ダイヤモンド社、2006年

第1章　スタッフの成長への針路

赤井邦彦『Honda Magazine 2008 Spring』
「コラム・私論詩論」『さぽーと』第55巻第10号、2008年2月
ダイアナ・ホイットニー『ポジティブ・チェンジ』（原題：The power of appreciative Inquiry：2003）、ヒューマンバリュー、2006年
アービンジャー・インスティチュート『自分の小さな「箱」から脱出する方法』（原題：Leadership and self-deception：Getting out of the Box 2000）、大和書房、2006年
柳田邦男『事実の読み方』新潮社、1984年
大村英昭編『臨床社会学を学ぶ人のために』世界思想社、2000年
「招客招福の法則273」『日経MJ』日本経済新聞社、2010年5月26日付
九鬼周造『「いき」の構造』（岩波文庫）岩波書店、1979年
ジョン・F. ディマティーニ著『世界はバランスでできている！』（原題：The Gratitude Effect：2008）、フォレスト出版、2011年
上澤昇『魔法の国からの贈りもの』PHP研究、2008年
萩市教育委員会編『松陰読本』山口教育委員会、1980年
中村雄二郎『臨床の知とは何か』岩波書店、1992年

http://www.humanvalue.co.jp
http://www.arbingerjapan.com
http://www.geocities.jp/pachimaya/kyouizon.html
http://www.chiran-tokkou.jp/index.html

第2章　顧客満足へ向かう針路

岩倉信弥『教育現場でのデザインマネジメント』実業之日本社、2010年
高橋滋『「お客様」に真剣ですか？』かんき出版、2009年
小阪裕司『「心の時代」にモノを売る方法』（角川oneテーマ21）、角川書店、2012年
ジャック・トラウトら『独自性の発見』（原題：Differentiate or die：2/E 2008）、海と月社、2011年
大山泰弘『働く幸せ』WAVE出版、2009年

http://www.kokusen.go.jp/g_link/data/g-20120910_26.html
http://www.meiroh.com/jigyo/20_hokoku/index.html
http://www.rokkatei.co.jp/index.html

第３章　福祉業界の進化へ向かう針路

P.F. ドラッカー『明日を支配するもの』（原題:Management challenges for the 21st century:1999）、ダイヤモンド社、1999 年
『致知』2010 年 7 月号、致知出版社
『リハビリテーション研究』第 630 号、1990 年 3 月
P.F. ドラッカー『経営者の条件』（原題：The Effective Executive：2006）、ダイヤモンド社、2006 年
木村秋則『奇跡を起こす 見えないものを見る力』扶桑社、2011 年
石川拓治『奇跡のリンゴ』幻冬舎、2008 年
梶山彬編、渋沢栄一著『論語と算盤』国書刊行会、1985 年
渡部昇一『渋沢栄一『論語と算盤』が教える人生繁栄の道』致知出版社、2009 年
加地伸行『論語　増補版』（講談社学術文庫）、講談社、2009 年
金谷治『論語』（岩波文庫）、岩波書店、1963 年

http://blog.livedoor.jp/shugiin08846/archives/51478568.html
http://www.dinf.ne.jp/doc/japanese/prdl/jsrd/rehab/r063/r063_002.html
http://www.chusho.meti.go.jp/keiei/torihiki/kankoju.htm
http://www.ibrid.co.jp/academy/cat50/0102.html
http://www.akinorikimura.net
http://kenmogi.cocolog-nifty.com/qualia/2006/11/post_35ec.html

第４章　地元中小企業（地域企業）との連携への針路

内田和成『異業種競争戦略』日本経済新聞出版社、2009 年
ジェームズ・C. コリンズ『ビジョナリー・カンパニー［特別編］』（原題：Good to great and the social sectors：2005）、日経 BP 社、2006 年
新渡戸稲造『武士道』三笠書房、1997 年
梶山彬編、渋沢栄一著『論語と算盤』国書刊行会、1985 年
植西聰『「商い」で成功した江戸商人「ビジネス」で苦しむ現代人』（Nana ブックス）、ナナ・コーポレート・コミュニケーション、2010 年
渋沢栄一記念財団編『渋沢栄一を知る事典』東京堂出版、2012 年
鹿島茂『渋沢栄一Ⅰ（算盤篇）』『渋沢栄一Ⅱ（論語篇）』文藝春秋、2011 年

第５章　障害者の就職支援の針路

P.F. ドラッカー『［新訳］創造する経営者』（原題：Managing for results：1993）、ダイヤモンド、1995 年
宮脇昭『「森の長城」が日本を救う』河出書房新社、2012 年
P.F. ドラッカー『実践する経営者』（原題：Advice for entrepreneurs：2004）』、ダイヤモンド社、2004 年
P.F. ドラッカー『未来への決断』（原題：Managing in a time of great change：1995）、ダイヤモンド社、1995 年

http://morinobouchoutei.com
http://morinochojo.jimdo.com

第６章　将来の自分を育てる針路

鎌田浩毅『一生モノの勉強法』東洋経済新報社、2009 年
舛田光洋『夢をかなえる「そうじ力」』総合法令出版、2005 年
ウィル・ボウエン『もう、不満は言わない』（原題：A Complaint Free World：2007）、サンマーク出版、2008 年
柳井正『成功は一日で捨て去れ』新潮社、2009 年
正垣泰彦『おいしいから売れるのではない 売れているのがおいしい料理だ』日経 BP 社、2011 年
渡邉美樹『きみはなぜ働くか。』日本経済新聞出版社、2006 年
南和嘉男『医師ゼンメルワイスの悲劇』講談社、1988 年

http://blog.livedoor.jp/kaigokeiei/
http://www.syw.jp
http://ameblo.jp/soujiryoku7
http://www.castingline.net/disney_qa2/disneylook.html
http://www.chusho.meti.go.jp/bcp/
http://www.yokohama-ri.co.jp/fukushi_bcp/deliverable.html
http://www.shikoku.meti.go.jp/shikokubito/interview/06/index.html
http://trendy.nikkeibp.co.jp/article/pickup/20090428/1025879
http://d.hatena.ne.jp/doramao/20110811/1313053055

光明会スタッフの氏名一覧

秋田真代　五十嵐優子　岩井裕樹　岩澤芽実　岩澤勇二
岩村真理　浦橋真由美　大川裕司　大照真由美　小川悦子
小川由美枝　小倉京子　小澤孝延　小澤美都子　小澤啓洋
葛西美恵子　加瀬知康　兼坂渉　神定静代　神定淳一
川嶋ルリ子　木内正弘　熊谷勇二　黒川寿　幸島繁　小林信五
近藤美江　坂入由香　佐久間幸子　佐藤幸治　白石忠夫
白井真理子　白鳥良江　菅原佳津恵　鈴木和子　鈴木国夫
鈴木幸子　高田宏子　高橋大輔　高橋康子　高橋保之
竹内千鶴子　田中茂　塚本誉丈　槌屋昇　遠山吉明　戸田富代
戸田直美　内貴美奈　中平裕子　永浜和夫　成田利枝　野澤明香
野地由美　箱田哲郎　橋本邦男　長谷川富太郎　畑山壽賀子
濱田恵美子　林沙耶香　平川智則　平野勇也　廣瀬正明
福島志穂　福本真奈美　藤原良恵　幕田イト子　松井昌二
松田昇幸　藤井佳奈　松本幸一　萬崎美由紀　三森礼子　宮﨑洋
村越沙織　村田かおり　森綾子　森田智子　山内正貴子
山口恵子　山口諭　山崎厚志　山崎修　山﨑隆賀　山下暁美
山本樹　山本光能　吉村かおる　若林翔　渡辺隆教

〈施設紹介〉

明朗塾は1999年8月 千葉県八街市に知的障害者授産施設（入所40・通所部18）として開設。2002年10月 グループホーム開設。同年12月 ISO9001 認証取得（2008年12月自己適合宣言へ移行）。2005年5月 システム技術研究所（通所分場14）開設。宅配弁当事業開始。2006年10月 障害者自立支援法に基づく新事業に全面移行（就労移行33・就労継続B30・生活介護10・施設入所支援40・共同生活援助5×2）。同年11月「就職するなら明朗塾」に名称変更。2007年4月 八街市地域自立支援協議会運営受託。同年8月 グループホーム増設。2008年4月 佐倉市内に障害者就業・生活支援センター事業受託。4月 事業体系を変更（就労移行支援43・就労継続B30・施設入所支援40）。2009年4月 グループホーム増設。2010年3月 グループホーム増設。4月 成田市内に福祉サービス事業所「就職するなら明朗アカデミー」（就労移行支援20）開設。2012年2月 グループホーム増設。4月 八街市障がい者就労支援事業所「明朗ワークス」・指定管理受託。10月 グループホーム増設。作業科目は2013年3月現在、宅配弁当、ファクトリー（製菓・加工）、ファーム（農業）、受託軽作業。

法人所在地：千葉県八街市八街に20番地　ホームページ：http://www.meiroh.com

〈著者紹介〉

内藤　晃（ないとう・あきら）

1959年千葉県生まれ。千葉県公立高校教員、コンビニ経営、行政書士を経て、1999年明朗塾開設とともに施設長就任。2004年から千葉県社会就労センター協議会会長。2005年から全国社会就労センター協議会協議員。2009年10月就職するなら明朗塾施設長を退き、法人常務理事就任。セルプ士。興味関心テーマは、カウンセリング、家族療法、マーケティング研究、テーマパーク研究。趣味は読書、商業施設巡り、クラシックコンサート鑑賞、作曲。特技は看板作りと重機運転。「障害者就職支援～就職するなら明朗塾の着眼点」「施設長の資格～社会福祉施設の経営戦略と人財育成」「集客マーケティング手法にもとづく施設商品販売」をテーマとした講演を全国各地で行う。著書：『施設長の資格!』中央法規出版、2009年3月刊行。

メルマガ『施設長の資格～障害者施設の舵取り指南』をご購読ください。
【まぐまぐ無料購読のしかた】　http://www.mag2.com/m/0000205870.html
①メルマガサイト「まぐまぐ」を見つける
②メルマガ検索で「施設長の資格」
③規約に同意して登録に自分のメールアドレスを入力する
④これでOK（月2回のメールが無料で送られてきます）

【メルマ無料購読のしかた】　http://www.melma.com/backnumber_162150/
①メルマガサイト「メルマ」を見つける
②メルマガ検索で「施設長の資格」
③規約に同意して登録に自分のメールアドレスを入力する
④これでOK（月2回のメールが無料で送られてきます）
⑤バックナンバーも参照できます

施設長の羅針盤（コンパス）
～「顧客満足」を実現する福祉経営のアイデア

2013年5月20日　発行

著　者……内藤　晃
発行者……荘村明彦
発行所……中央法規出版株式会社
〒151-0053　東京都渋谷区代々木2-27-4
代　　表　TEL 03-3379-3861　FAX 03-3379-3820
書店窓口　TEL 03-3379-3862　FAX 03-3375-5054
編　　集　TEL 03-3379-3784　FAX 03-5351-7855
http://www.chuohoki.co.jp/
装幀・本文デザイン……二ノ宮　匡（タイプフェイス）
印刷・製本……新日本印刷株式会社

ISBN 978-4-8058-3846-4
定価はカバーに表示してあります。
落丁本・乱丁本はお取り替えいたします。